AF549730

Werner Rosenzweig

ICH WILL FEI NIX GSACHD HAM

Geschichten auf Fränkisch

1. Auflage 2018

Illustrationen: Niko Mönkemeyer
Satz: Christiane Zay, Potsdam
Druck: Druckerei Zimmermann Druck + Verlag GmbH, Balve
Buchbinderische Verarbeitung: Buchbinderei S. R. Büge, Celle

D-34281 Gudensberg-Gleichen, Im Wiesental 1
Telefon: +49-(0) 56 03 - 9 30 50
www.wartberg-verlag.de
ISBN 978-3-8313-3229-8

Inhalt

Vorwort 4

Erinnerungen an Friehers 5

Des Walberla 8

Frängische Nachbern – Bauland 10

Die Weihnachdsgans 14

Kombjuder-Kennword 19

Der Raubridder Ebbelein 20

Der Berch 23

Frängischer Wids 26

Dreivierdl achda 28

Wenn ich an mei Oma deng 31

Wienerle 34

Was an Frangn ausmachd 36

Der bsoffne Nikolaus 38

Chrisdkindlesmargd 43

Frängische Nachbern – Der Gardndeich 45

Geh nauf zum Ding, und soch dem Ding … 47

Die Geißboggschdadt 49

Was mer als Oba so alles midmachd 51

Frängische Dorfkerwa 55

Fromme Leit 57

Frängische Nachbern – Ungraud 62

Weihnachdn 64

Wie der Karbfn sein Buggl grichd hat 67

Dialegd 70

Bayern und Frangn 72

Vorwort

Wie andernorts auch, gibt es ihn nicht, **den** fränkischen Dialekt, aber eines haben alle Franken gemeinsam: Sie machen das (harte) „p“ zum (weichen) „b“ und das (harte) „t“ zum (weichen) „d“. Außerdem reduzieren sie den gesprochenen Text auf das Wesentliche, indem sie Vokale zum Ende eines Wortes gerne weglassen. Noch eine Besonderheit: Das „ck“, oder das „k“ können zum „gg“, oder „g“ mutieren (Beispiele: Glocke = Gloggn; Fränkisch = Frängisch). Dennoch: Ihre Aussprache ist kompakt und prägnant. Und damit sind wir schon ganz nah am Charakterbild der Franken.

Weitschweifigkeit mögen sie überhaupt nicht. Das Sprichwort „Reden ist Silber, Schweigen ist Gold“ nehmen sie sich gerne zu Herzen. Sie sind aus einem harten Holz geschnitzt, mit vielen Ecken und Kanten. Fremden gegenüber sind sie eher misstrauisch. Franken sind aber friedliebende Menschen – wenn, ja wenn man ihre Rote Linie nicht überschreitet. Wenn das passiert, kann man sich schon mal anhören: „Kumm na her Freindla, ich hau di ungspitzt in Budn nei.“ Der Ausspruch „Bassd scho“ bedeudet höchste Anerkennung und folgt der fränkischen Logik „Net g’schimpft is g’lobt gnuch.“

Wenn Franken etwas nicht auf Anhieb verstanden haben (was selten vorkommt), erfolgt kein kompliziertes Nachfragen. Ein kurzes, prägnantes „Hä?“ muss genügen.

Nun wünsche ich Ihnen viel fränkisches Lesevergnügen.

Ihr Werner Rosenzweig

Erinnerungen an Friehers

Friehers, als der Adenauer und der digge Erhard mid seiner diggn Zigarrn in der Goschn die Geschigge der deitschen Bolidigg beschdimmd ham, woar alles ganz andersch. Da hats no die Mark gebn und a Kugl Eis hat a Zehnerla kost.
Damals hats no kane Kombjuder und kane Händis gebn. Net amol die Straß, die an unserm Haus vorbeigfiehrt hat – dabei woar des goar net unser Haus, weil mei Vadder und mei Mudder ham zur Miede gwohnt, mit mir und meiner Oma – also net amol die Straß woar asfaldierd. Bugglich woars, wie der Orsch vo aner Kuh und in der Middn ham Staa rausgschaut, die wie weißer Schbegg glänzd ham, weils vo die Autoreifn abgfahrn woarn. Die Reifn vo die Gogomobil, vo die BMW-Isettas und die Borgwards. Viel Autos hats ja nunni gebn. Jedenfalls, wenns im Summer a gscheits Gwidder gebn und es Blasn grengt hat, die wie Seifnblasn in unserm Huf zerpladzd sen – wenns also gscheit gschifft ghabt hat und die Sunna nach dem Gwidder gleich widder ihre Schdrahln zu uns runder gschiggd hat, a riesicher Regnbogn am Himml gstand und die Feichtichkeid wie a Nebl in der Waschküchn zum Himml aufgstiegn is, da sen wir Kinner naus auf die Straß grennt. Da hat uns nix mehr im Haus ghaltn, weil da is vo der Straß die braune Brieh runter gloffn und wir Kinner ham Dämm baut und des Wasser aufgschdaud, lings und rechts vo der bugglichn Straß, bis unsere Dämm brochn sen, weil immer mehr Wasser den Berch runterkumma is. Ausgschaut ham mer vo dem Dregg und dem Schlamm, schlimmer wie die Schlotfecher. Net su schwarz, abber dafier schmierich braun und nass. Aber unserer kurzn Lederboxl, die wir Bubn anghabt ham, hat des nix ausgmacht. Des hat die ausghaldn. Die is gschdandn wie a Zinnsoldad.

Wenn ich so zurüggdenk, muss ich sogn, dass die Bolidigger damals in den Zeidn des Wirtschaftswunders a net viel gscheider woarn als heidzutoch. Es war die Zeid vom Kaltn Griech. West gegn Ost und umgekehrt. Der Chruschtschow und der Kennedy, die zwa Deppn, ham si drum gschdriddn wer die meistn Rakedn und die meistn Atomköpf hat. Hat der Ami seine Rakedn in der Dürkei aufgstelld, hat der Blödl im Kreml seine nach Kuba transbordiert. Des hat zwoar dem Fidl Castro gfalln, weil der sich mit die Ami net verstandn hat, aber halt dem Kennedy net. Drauf hat der Kennedy mit der Kubabloggade reagierd und hat ka Schiff vo die Russn mehr auf die Insl vo dem Casto neiglassn. Die Weld hat den Adem anghaltn. A jeder hat Angsd vorm Driddn Weldgriech ghabt – ich a. Abber dann – wenn des Schbrichword, dass der Klügere nachgibd, schdimmt – hat der Chruschtschow des Duell „Gscheid gegn Bleed“ fier sich entschiedn. Jedenfalls hat er seine Schiffe widder ham gschiggd.

Vo die haßn Summer hab ich gschbrochn, wenn wir Kinner vo Mai bis Ende August jedn Toch ins Freibad neigrennt sen. Da hast dagsieber an ganz scheena Durschd gricht. Enerdschidrings wie Red Bull hats da nunni gebn, abber Brausebulver. Ahoj vo Frigeo. Klane Düdn woarns. Vorn drauf a blauer Madros, mid aner blaua Fohna in der Händ, auf der woar *Brause-Bulver* gschdandn. Des hats in verschiedene Gschmägger gebn: Orangsch, Zitrona, Himbeer und Waldmeisder. Des Bulver hast in an Glas kalts Wasser neigschüdd, a poar Mal rumgrührt und ferdich woars. Zuerschd hads a weng säuerlich gschmeggd, bevors süßer worn is. Manche vo uns ham des Bulver aber goar net erschd ins Wasser nei, sondern gleich vo der Düdn in ihre Goschn gschüdd. Des woar was. Da hasd gmant in deim Maul exblodiert a Vulkan. So hat des zischd und gwaggerd, wenns mit Feichtichkeid in Berührung kumma is. Des woar fier uns damals woahrscheinlich su ähnlich, wie heit a „Schuss“ fier an Dschanki. Aber süchdich sen wir davo jedenfalls net worn.

Es woar scho a schene Zeid damals. Do kennt mer schdundnlang derzähln, aber etz machi erschd amol mid dem Walberla weider.

Des Walberla

Wer kennds net, des Walberla? Am Eingang zur Frängischn Schweiz lichts. Gleich hinter Forchheim. Es is a Zeugnberch, der vo der Hochflächn der Frängischn Alb abtrennt worn is, und haßt eigentlich goar net Walberla, sondern Ehrenbürg. Manche Leit, die hier lebn, behaubdn, dass net der Schdafflstaa, sondern des Walberla der eigendliche Berch der Frangn is.

„Walberla" kummt woahrscheinlich vo der heilichn Walburga und dazu gibt's a Gschicht: Scho seid der Jungschdeinzeid is des Walberla nachweislich besiedld. Scho die aldn Keldn ham am Berch da drobn ghausd und ham si a mächdiche Befesdichungsanlach baut. Aber net bloss die Keldn, sondern aa Hexn, Dämona, Zauberer und anderes Gschwerdl hat sich aufm Berch wohl gfühld. Ihrn Zauberdrang hams dort drobn zubereided. Gscheid gsuffn hams bis bsuffn woarn. Dann hams gsunga und die Leit gscheid derschreggd die drundn in ihre Dörfer glebd ham. Dena ihre Ägger, Wiesn und Wälder hams verwunschn und ihre Viecher verzauberd, dass krang woarn sen. Die Leit woarn verzweifld, ham Angsd ghabd und drum hams die heiliche Walburga ogrufn.

Die had ihre Gebede erhörd und hat si aufn Wech gmachd. Dann is neigfoahrn in die Höllnbruud und hads aufgmischd. Nadürlich ham sich die Hexn, Zauberer und Dämona gwehrd. Mit Staa hams nach der Walburga gschmissn. Aber die had nur glachd und hat alle Schdaabroggn aufgfangd. Und als die heiliche Walburga dann den Sieg ieber die Höllnbrud errunga had, had sie des Gsindl a no fier sich ärwern lassn: Mid die Schdaa, mid dena sie nach der Walburga gworfn ham, mussdn die bösn Geisder a Kapelln drobn auf dem Berch baua, die Wallburgis-Kapelln. Und weil des Gesoggs dann beim Bau der Kergn doch schee

mitgholfn hat, hat die Walburga Milde waldn lassn und hat ihna erlaubd, dass sie no amol im Joahr, fier ane Nachd drobn aufm Walberla schbuggn dürfn. Des ist die Nachd vom ledzdn April auf den erschdn Mai. Danach is a Ruh bis zum nächsdn Joahr.
Die Gschichd is also glimbflich und gliggli ausganga. Drum ham die Anwohner rund um des Walberla beschlossn, immer am erschdn Wochnend im Mai drobn am Berch a Kerwa zu feiern.
Bald is des Fest vo Joahr zu Joahr immer bekannder worn und hat aa komische Gäsde insbirierd auf des Walberla zu kumma und dord drobn midzufeiern: Breißnzibfl die nach Frangn immigrierd sen und eigendli goar ned hierher ghörn. Nach geschichshisdorischen Aufzeichnunga is des jedenfalls bis heit die erschde Flichdlingsgrise mi der Frangn seit die 60er-Joahr konfrondierd is.
Ka Wunner also, als am 1. Mai 1971, a Samstoch woars, a alder Ford Taunus mit vier Breißn aus Wolfnbüddl des Walberla naufbrausd is, und der Fahrer die alde Kisdn irgendwo auf aner nadurgeschüdzdn Wiesn bargd hat. Dann is er aus seiner Blechkisdn ausgschdiegn und hat – großmaulich wies hald sen – zu die andern drei Deppn gsachd: „Zur Ehrenbürg braus ich hinauf, eine Maß Bier mir oben kauf. Walburgisfest ist angesagt. Was dies ist? Bin überfragt."
Des hat a Oberfrange aus Kirchehrenbach ghört und is drauf auf die vier zuganga. Als Erschdes hat er sie aufklärd, dass der Berch „Walberla" haßt und net Ehrenbürg. Dann hat er ihna vo der heilign Walpurga und der Hexnbruud derzählt, welche die ledzde Nachd da obn no auf ihre Reisichbesn durch die Lufd gsausd is und ihre Hexnbücher schdudiert hat, und dass er no immer a Gänsehaud hat, weil ers ghörd hat, wies rumbrülld ham, und dass er den Höllngschdank grochn hat, der den Berch nunderzogn is. „Und weil des Hexnfesd endlich widder vorbei is, drum feiern wir da obn unsre Kerwa", hat er ihna dann erklärt.

Aber des woar no net alles, was er den Viern derzählt hat, weil dann hat er an Zorn grichd und a richdigs Dunnerwedder losglassn. Dass ka blasse Ahnung ham, warum da obn die Kerwa schdaddfinded, hat er ihna vorgschmissn, dass mit ihre aldn Blechkisdn den Berch naufdonnern, die Lufd verbesdn und die Nadur schädign. „Dann fressd ihr uns aa no unsere Bradwerschd weg, saufd unser Bier und lassd eiern ganzn Müll da obn liegn. Am Schluss habd ihr an gscheidn Seier im Gsichd. Da müssn ja die Hexn dobn. Sche is nemmer auf dem Berch“, hat er dann no gsachd, „mid dem ganzn Breißn-Gschwerdl. Blabd doch daham in Nemberch, Färdd, odder Erlang. Des is der Bladz, wo ihr hieghörd.“

Frängische Nachbern – Bauland

Die frängischn Dörfer ham si die letztn zwanzich, dreißich Joahr gscheit veränderd. Fasd a jeds hat heit a Gewerbegebied. An Misdhaufn vor der Dier siehgsd du bragdisch goar nemmer. Fasd alle Grundschdügge rund um die Dorfer ghörn den Einheimischn. Bauern gibds haubdgewerblich aa scho lang nemmer. Die meisdn gänga handwerglichn Berufn nach, oder fahrn in die Schdadt nei, um beim Siemens, beim Schaeffler, bei Puma odder Adidas zu ärwern. Da sens wenigsdens am Nachmiddach um Viera mid ihrer Ärwerd ferdich und foahrn ham.
Fier ihre Kinner und Enkerli hams scho längsd vorgsorchd und Grundschdügge in die schensdn Lagn reservierd. Die wern ned verkafd. Die wern aufghobn, bis die Nachkomma greßer sen

und selber baua könna. Abber die meisdn under ihna ham darieber hinaus ja no andre Grundschdügge, Ägger, odder Bauerwardungsland in Besidz. Godd sei Dang gibds immer no gnuch Leit, die zuziehn und Baua wolln. Die ganzn Breißn, die beim Siemens in Erlang ärwern zum Beischbiel. Aa viele vo die rund 40 000 Schdudentn an der Uni Erlang-Nemberch ziehn aufs Land, um Wohngemeinschafdn zu bildn, weil ihna die Miedn in der Schdadt zu teier sen.

Da kummd Freid auf, bei die Burchermasder und den Aborigines der Einheimischn, dene, den die ganzn Grundschdügge rund um die frängischn Käffer ghörn. Da werd gschacherd, welche Ägger Bauerwardungsland, odder goar Bauland wern. Weil dann fließd der Zasder, dann gehd des Steieraufkomma nach obn. Abber dann brauchd mer nadürli aa neie Kinderhorde, mehr Kindergardngruppn, an Subermargd, vielleichd sugoar a neie Kanalisadion, weil die alde die ganzn Abwässer gor nemmer aufnehma kann. Kondroverse Geschbräche wern gführd under den Einheimischn, weil a jeder auf sein eigna Vordeil bedachd is. Ofd endn sie im Schdreid.

Horch mer doch amol nei in a Gschbräch, was der Müllers Schorsch, dem no so viel Ägger rund um sei Dorf ghörn und der Holzmanns Frieder, der seine fasd scho alle verkafd hat, führn:

„Hasd scho ghörd, Schorsch, die Gmaa will scho widder a neis Baugebied ausweisn?“

„Wer sachd des?“ wollde der Angeschbrochene wissen.

„Hab ich erschd neili vo an Gemeinderad ghörd.“

„Vo wem?“

„Des dud etz nigs zur Sach“, hat der Frieder gmand.

„Jednfalls Richdung Wesdn. Im Anschluss an die Schulschdrass. Ungefähr achd Hegdar, fier hunnerd Heiser“, hat er bräzise dazu erglärd.

„Do liegn ja jede Menge Ägger und Bauerwardungsland die mir ghörn“, hat si der Müllers Schorsch mid glänzende Augn Hoffnung gmachd.
„Scho“, had der Holzmanns Frieder beschdädichd, hat aber aa gleich schämisch ergänzd: „Abber der Bund Nadurschudz is dagegn, weil in dem sandichn Gebied liegn die ledsdn Laichblädze vo der Eurobäischn Schauflfußgrödn, den anzichn Exemblaren, die in unserer Gegnd no vorkumma und die under schdrengsdn Nadurschuds schdenna.“
„Was, wecher a poar so lumbichn Krödn?“, hat der Schorsch unverschdändlich drodzich reagierd.
„Na ja, die sen hald seldn“, hat der Holzmann a gewisses Verschdändnis zeichd, „unser Burchermasder hat jednfalls scho a weng zuggd. Mid dem Bund Nadurschudz will er si net grod olegn. Weil, dass ihm die Schauflfußgrödn egal sen, will er si nadürli aa net nachredn lassn. Er favorisierd möglicherweis an Bürgerendscheid, sachd mer. Nix Gnaus waaß i aa net. Abber ehrli gsachd, is mir des Wurschd. Ich hab ja in der Gegnd kane Grundschdügge, so wie du. Jedenfalls fang ich in dem ledzdn genehmichdn Neibaugebied demnächsd aa nomal zum Baua an. Drobn am End vo der Schulschdraß.“
„Was machsd du?“, hat der Müllers Schorsch gleich nachgfrachd.
„An neia Bungalo werd ich mir da hieschdelln, weil hier bei uns in der Haubdschdrass is mer middlerweiln zu laud. Du waßd ja selber, was fier a Durchgangsverkehr bei uns Dooch fier Dooch durchs Dorf donnerd und an unsre Heiser vorbeirolld. Sobald die Grundschdügge in dem Neibaugebied erschlossn sen, fang i o.
„Wie groß werdn dann dei neis Haus?“, wolld der Schorsch neigierich wissn.
„Ned so groß“, hat der Holzmanns Frieder gmant und midn Kubf gschüddld, „so ungefähr 250 Kwadradmeder Wohnflächn.“

„Bloss fier dich und dei Fraa?“, hat der Schorsch nachghagd. Dei Kinner sen doch scho ausm Haus? Wie groß isn dann dei Grundschdügg?“

„Gnabb 3000 Kwadradmeder. Es is kwasi des ledzde in dem jedzign Neibaugebied und grensd an des Gebied, des möglicherweis erschlossn wern soll und wo der Bund Nadurschudz sei Vedo eiglechd hat. Also ehrlich gsachd, ich hädd aa nigs dagegn, wenn da ka neis Neibaugebied endschdeh tät. Da muss ich dem Bund Nadurschudz scho rechd gebn. Es wär ja a Sind, wenn bei uns die Schauflfußgrödn ausschderbn tät. Des kann mer doch net verandwordn. Ich hab dem Burchermasder scho gfrachd, ob a Erweiderung vo unserm Dorf, Richdung Nordn hie, net sinnvoller wär. Da hab ich no a poar Grundschdügge. Ich täts der Gmaa günsdich ieberlassn, hab ich ihm anbodn. Des wär goar ka so schlechde Idee hat er gsachd. Und dann hat er mi gfrachd, wie günsdich. Na jednfalls ka lange Red, ieberhabd ka Sinn, sen mier uns, fier den Fall der Fälle, handlseinich worn, weil dord leben ka Schauflfußgrödn, sondern bloss Wühlmäus. Also, ich glab ned, dass du dir wegn deine Ägger und Grundschdügge no Hoffnung machen brauchsd. Ich deng, dass die niemals Bauland wern. Net amol a Umgehungsschdraß werd do hiekumma.“

„Waßd was, Frieder“, hat der Schorsch blödzli des Schreia ogfangd, „du bisd mer a rechder Scheinheilicher. Dir sen doch die Schuflfußgrödn völlich Wurschd. Du willsd doch bloss net, dass da, wo du dein neia Scheißbungalo hiebaua willsd, dir dei Sichd aufn Wald und die Karbfnweiher verbaud werd. Des is der anziche Grund. Schdadddessn gehsd du zum Burchermasder hie und biedesd ihm deine ledzdn Scheißägger an, bloss weil du dein Kroogn net vollgriegsd. So aner bisd du. Was bin i froh, wenn du amol in dein bleedn Bungalo eizogn bisd und mier ka Nachbern mehr sen. Auf solche Nachbern kann i verzichdn.“

Die Weihnachdsgans

Ich waaß no, es is scho a poar Joahr her, da woarn wir aufm Wech zum Gardasee. Mei Fraa und iech. September woar's und die Sunna hat no so schee warm runtergschiena. Da fängt mei Fraa blödzlich o, ieber die Weihnachdsgans zu redn. Dass ihr Mudder heier ieber Weihnachdn net daham is und dass wir uns heier unsere Gans selber bradn müssn. Ich hab dengd mich trifft der Schlooch, do auf der Straß in Ösderreich. Ob's no gscheid is, hab is gfrachd. Erscht in vier Monad is Weihnachdn.
„Wer da net rechd gscheid is", hat's zurügggebelfert, „bisd wohl du." Weil a Bolnische wills net, die is viel zu feddich. Sie will a frängische Bauerngans. Und wo mier die her kriegn, wollds wissen. Ob iech Beziehunga zu an Bauern hädd, der uns so a Gans verkaafn tät? Weil die Gäns sen doch jedes Joahr scho lang vor Weihnachdn für die Stammkundschafd reservierd und da ghörn wir gwieß net dazu. Ob's net a weng ieberdreibd, hab is gfracht. Drauf hab ich mir erschd a Dunnerwedder anhörn müssn.
Mir woar's leid, die Diskussion. Und dann hab i a Verschbrechn gmacht, was mer späder no leid tan hat. „Ich übernehm des scho", hab ich ihr versprochn, des mit der Weihnachdsgans. „Da wersd schaua, was für a scheens, knusprichs Gänsla du am erschdn Weihnachdsfeiertoch kriegn tust", hab ich zu ihr gsacht. „Da könnd dir heit scho des Wasser im Maul zammlaafn."
Der Urlaub am Gardasee woar schee. Ieber die Gans hammer nimmer gred. Die Zeit is ins Land ganga und kaum hat mer si umdreht, woar a scho der November do. Martini. So manche Gans hat zu dera Zeid scho dro glaabn müssn. Dann is mer widder eigfalln, mei Verschbrechn. Auweierla hab i dengd, edzerdla werd's aber Zeid, dass du dich um die Bauerngans kümmerst.

Am nächsten Toch bin ich nausgfahrn, ins nägsde Bauerndorf nei. Jedn Bauern hab i nach aner Gans gfracht.
Was ich denn für a Seftl sei, hams alle gsacht. „Willst a Weihnachdsgans und hast no kane bschdellt“, hab ich mir ieberall anhörn dürfn. „Na, heier gibt’s kane mehr. Die Gäns, die do nu frei rumlaafn sen scho alle fier die Stammkundn reserviert. Fier des nächste Joahr kannsd ane reseviern“. Aber ich hab net aufgebn, wär doch glachd! Schließli hab ich a Verschbrechn gmacht. Ich werd doch noch vo irgendwoher so an bleedn Vogl herkriegn. Als ich dann widder aus dem Dorf nausgfahrn bin, hab is gsehgn, unsere Weihnachdsgans. Zwanzich, dreißich sen auf an Weiher rumgschwumma. Des woarn die fier die Stammkundn Reservierdn. Da hol ich mir ane, hab ich beschlossn. Gleich heit in der Nacht. Wenn ane fehlt, na ja, dann hat sich halt der Fugs ane gholt.
An Kardoffelsagg hab i eibaggd und jede Menge Brodbreggerli, als ich nausgfahrn bin, in dera Nacht. Zu an Karbfnweiher hie, gleich in der Näh vo an Waldschdügg. Orschkald wor’s, wie ich mich zunächsd hinter an Ginsderbusch versteggd ghabt hab. Aber ich hab’s ghört, die Gäns, drundn am Weiher, wies gschnadderd ham. Ganz leis, wie a Indianer hab ich mich anggschlichn. In die vom Dau badschnasse Wiesn hab ich mich neiglechd und woar muggsmäuschenschdill. Dann hab zum Desd ich in an hohen Bogn a Brodbreggerla durch die Luft gschmissn. Aufgrecht woar ich. Die Gäns aa. Gschaud hams und ihre langa Häls hams greggt. Dann hamm sis gfundn, des Breggerla. Gschmeggd hats nern. Gschnadderd hams, die bleedn Viecher. Rumdrambld sens, vor allem der Ganter. Ich hab gschwidzd bei dem Gschrei. „Hoffendli kummt kans vorbei“, hab ich mir dengd. Und dann hab i a ganze Händ voller Brodbreggerli zu die Gäns hiegschmissn. Die ham si gleich ganz gierich auf des Brod gsterzt. Ich, eins, zwei, drei, bin aufgsprunga, zwaa, drei große

Schridd gmachd, und scho hab i so an Vogl an der Gurgl baggd. So a Ieberraschung is scho net schlecht, wennsd a Gänsla fanga möchst. Wenn bloss des bleede Viech net so mit die Fliegel gschlogn hädd. Gstrambld hats, hin und her zuggt is, gwundn hat si sich, wie a Schlanga. Und dann beißd mich dieser Scheißvogl doch dadsächlich in mei Nosn nei. An Schregg hab i gricht, mei Herz is mer in mei Husntaschn gschderzt, und ich Bledl hab die Gans losglassn. Scho hat sie sich davo gmacht. Mei Nosn hat bludd wia Sau und mei Händ woarn leer. Schnaddernd sen die Gäns aufm Weiher rumgschwumma. Es hat si anghört als tätns mi auslachn. Drübn im Bauernhaus is des Licht eiganga. Stimma hab i ghört und a Hund hat bellt. Dann bin ich wie a geölder Blids abghaut.

Am nächst Toch beim Friehschdügg, schaut mi mei Fraa so komisch o und fracht mi, ob ich ledzde Nachd gschlächert hab, weil mei Nosn schaut aus wie a Blummakohl. Lang hat's dauert, dann hats mer doch glabt, dass ich da nur an Biggl aufdrüggd hab, der mir da über Nacht gwachsn woar. Und plötzli, ausm hohln Bauch frachts mi, ob des mit unserm Gänsla zu Weihnachdn klabbt. Ich hab gleich zum Schwidzn ogfangt, weil ich wollt eigentlich ieberhaubt net ieber des Dhema redn. Dann hab i mir des doch anders ieberlecht und hab mei Fraa oglacht. „Und wie des hiehaut", hab ich ihr erklärt. Dass ich die Gans scho ausgsucht hab, dass a mordsdrum Viech is und dass no a weng auf der Wiesn rumlaafn derf. Erschd drei Toch vor Weihnachdn werds gschlacht.

Des is schee, dass mer si doch auf mich verlassn kann, hat mich mei Fraa globt und hat mer an diggn Schmatz gebn. Dann is auf die Idee kumma, ob ich – nachdem ich ja etz die Bauern kenn – net für Silvester no a Bauernendn aa besorgn könnt. Zuerscht is mer der Kamm gschwolln, aber dann hab i mi des liebn Friedns Willn glei widder beruhicht. Des is ieberhabd ka Bro-

blem net, hab i ihr gsacht. Egal was, ob Endn, Bodaggn, Däubli, Bressagg, Eier, Schadtwurscht, Äpfl, Milch, odder Stallhosn, ich kann da alles bsorgn. Der Teifl muss mich griddn ham.

Schnell is die Zeit verganga. Dann, endli woars suweit. Am erschdn Weihnachtsfeiertoch woar ich mit meiner Scherzn scho seit in der Frieh in der Küchn gstandn. So a Gans braucht schließli ihre Zeit bis fertich is und gwerzt und g'füllt muss ja vorher a no wern. Die Schenkerei woar jedenfalls scho vorbei. Brauchst nix mehr dengn und kannst di auf's Kochn konzendriern. Unser Gans in der Baggröhrn hat scho verloggend geduftet. Des Blaugraud hat leise vor sich hie dämpft und die

Gleeß woarn a scho bereit gstandn, ham aber no Zeit ghabt. Mei Fraa woar in der Küchn ghoggt. Ihr Rotweinglas hats scho zum zweitn Mal nachgfüllt ghabt und ich hab gmaant, dass vielleicht scho a weng bsuffn sei könnt. Im Regionalteil der Zeidung hats glesn, was bei uns halt so alles bassiert is. Dann hats auf die nägsde Seidn umblädderd und hat vorglesn:

A Moo hat in der Weihnachdszeit/sich auf a Gänsla richtich g'freit/ Doch leider woar er zu spät dran/ka Bauerngans mehr kaufn kann/Die Gäns die woarn scho reserviert/er in der Zeidung inseriert:/Liebe Leser, händeringend/such ich a Gans, des is ganz dringend/Bin verzweifelt, bin bedrüggd/nach aner Bauerngans verrüggd/Zwahundert Euro zahl ich gern/demjenigen in Nah und Fern/der mir sei Gänsla ieberlässd/fürs stille, stade Weihnachdsfest/Hat aner no a Bauernendn/der soll mir schnell a E-Mail sendn/Ich tät die Entn a no nehma/hunnert Euro sen ka Dhema.

Des wär ja alles no net so schlimm gwesn, aber a Foddo woar a no drin in dera Zeidung. Ich hätt Greina kenna. A Foddo, wie ich Depp in die Kamera neiglacht hab, als ich grod unser Gänsla vo unserm Nachbern gegenüber abhol und dem Doldi zwahundert Euro in die Händ nei drügg. In den Budn wär ich am liebstn versungn, als mer mei Fraa des Foddo zeicht hat. Drei Toch hats nimmer mit mir gred. A ganze Wochn hab i braucht, bis ich die Gans allans aufgessn ghabt hab. Aber ich muss sogn, trotzdem hats mer gschmeggd, mei Weihnachdsgänsla.

Kombjuder-Kennword

Wenn a middlfrängischer Karbfnzüchder aufgeforderd wird, an seim Kombjuder a Kennword eizugebn, machd er des meisdens a so:

1. Versuch: karbfn
   Antwort: Das Kennwort ist zu kurz
2. Versuch: schbieglkarpfn
   Antwort: Das Kennwort sollte mindestens einen Großbuchstaben enthalten
3. Versuch: Große Schbieglkarbfn
   Antwort: Das Kennwort darf keine Leerstellen enthalten.
4. Versuch: GroßeSchbiegelkarbfnHimmlOrschund-Zwirnnomalnei,ScheißKombjuder
   Antwort: Das Kennwort muss mindestens eine Ziffer enthalten.
5. Versuch: 100000GroßeSchbieglkarbfnHimmlOrschund-Zwirnnomalnei,Scheiß Kombjuder
   Antwort: Das Kennwort muss mindestens ein alphabetisches Sonderzeichen enthalten.
6. Versuch: 100000GroßeSchbieglkarbfnHimmlOrschund-Zwirnnomalnei,Scheiß Kombjuder$&%§
   Antwort: Das Kennwort sollte mindestens einen Umlaut enthalten.
7. Versuch: 100000GroßeSchbieglkarbfnHimml Orschund-Zwirnnomalnei,Scheiß Kombjuder$&%§-Stöhn,Würg,Ächz
   Antwort: Das Kennwort ist bereits an einen anderen Karpfenzüchter vergeben.
   Bitte geben Sie ein neues ein.

Der Raubridder Ebbelein

Kenna Sie den Raubridder Ebbelein? Net!

Also, dann bassns amol auf! Eigendli hat er ja Ebbelein von Gailingen ghaßn. In Illesheim, an klan Kaff bei Bad Windsheim, is er so ungefähr um des Joahr 1320 geborn. Des waß heid kaner mehr so genau. Glernd hat er jedenfalls nigs, außer dem Griegshandwerk. „Was machi?", hat er si dengd, als er zum Mann herangereifd woar. „Geh i hald a weng auf Kreuzzüch." Aber die Zeid der Kreuzzüch woar eigendli scho vorbei. Da hat er a weng bleed aus der Wäsch gschaut, der Ebbelein, weil könnd had er ja nigs und vo irgendwas hat er ja leben müssn. Dass den reichn Badrizierfamilien in Nemberch so gud ganga is, hadn gscheid gschdungn. Schdändich hat er zuschaua müssn, wie die schwer beladenen Handlsfuhrwerge in die Freie Reichsschdadt nei und nausgfahrn, und die Badrizier immer reicher worn sen, wohingegn er nigs zum Fressn ghabd hat. In Rodhenburch, Weißnburch und Windsheim woars ähnlich, hat er fesdschdelln müssn. Net weid vo Nemberch weg, in der Frängischn Schweiz, ganz in der Näh vo Muggndorf, hoch ieber dem schöna Wiesenddal, hat er sei Burch ghabd, der Ebbelein. Dordhin hat er si zürüggzogn, mid a boar dungle Gschdaldn, die aa nigs glernd ham und had ieberlechd, wie er die Nembercher Badrizier, Bfeffersägg hat er sie verächdlich ghaßn, beglaua könnd. Es hat net lang dauerd, da hat er die erschdn Handlsfuhrwerge ieberfalln, und etz schdelle man sich amol vor: Hat net der Fregger sogar die schöne Jungfrau Adelgund, die anziche Tochder des Nembercher Radsherrn Veit von Stark, endführd und zwangsverehelichd. Des hat die Nembercher vielleichd gwurmd.

Nadürlich ham sie sich des net gfalln lassn und ham nach ihm gsuchd. Alsn endlich gfunna, verhafded und zum Dode durch den Schdrang verurteilt ham, da schien sei ledzdes Schdündla gschlagn zu ham. Abber a Pfeiferla! Als der Ebbelein auf der Nembercher Burch zum Galgn gführd worn is, ham die Radsherrn ihm no an ledzdn Wunsch zugschdandn. Des häddn die Doldis net machen solln. Als der Ebbelein sich so umgschaud hat, hat er gfrachd, ob er mid seim Rabbn no a ledzdes Mal in dem Burchhof umherreidn dürfd. Die Radsherrn ham si nigs dabei dengd, weil auf drei Seidn woar der Ebbelein vo Soldadn umringd und auf der vierdn Seidn woar der diefe, breide Burchgrabn glegn.

Als der Ebbelein auf seim Gaul ghoggd woar, hat er si niederbeuchd und hat seim Rabbn was in die Ohrn gflüsderd. Dann hat er ihm die Schborn gebn. Da drauf is der Gaul wiehernd hochgschdiegn, hat si auf seine Hinderläuf gschdelld, hat amol a Rundn im Burchhof drehd, um Anlauf zu nehma, und is mit einem gewaldichn Sadz vo der Burchmauer in den diefn, mit Wasser gefülldn Burchgrabn, nunder gschbrunga. Da hams bled gschaud, die Nembercher Burchherrn. „Die Nembercher hänga kan, sie hättn ihn denn zuvor“, soll er ihna zugrufn ham, als er ieber die Mauer gschbrunga is. Wer des net glabd, soll auf die Nembercher Burch geh, dord beim Fünfeggign Durm, kann mer heid no die Hufabdrügge vom Ebbelein seim Gaul bewundern. Er woar scho a gans besonderer Schlagg, der Ebbelein. Was der alles driebn hat.

A gans besondere Ebisodn woar, wie er der Schdadt Heilsbronn ihre ganzn Weinvorräde glaud hat. Des hat si so zudragn: Eines Dages is er mid seiner Drubbn in Richdung Heilsbronn griddn. Als die Halungn scho ganz in der Näh vo Heilsbronn warn, ham sie sich in an Wald verschdeggd. Nur der Ebbelein is weider griddn. Als er auf seim Gaul vor den Mauern der Schdadt schdand, hat ihm der Wächder aufm Durm zugrufn „Hald fremder Reider, hier gehds nemmer weider.“

„Vo Nemberch bin i egsdra hergriddn, bloss um eich zu sogn, dass der Ebbelein mid seim Back hierher underwegs is, um die Schdadt zu ieberfalln. Er will eire gansn Weinvorräde klaua. Ihr sollerd die besser an einen sichern Ord bringa.“ A Schdund hats dauerd, dann hat si des Schdadttor geöffned und zwanzich, dreißich Ogsnkarrn sen rauskumma. „Iech tät scho an sichern Ord fier eiern feuchdn Schadz kenna“, hat der Ebbelein gsachd, den niemand erkannd hat. „Am besdn ihr folgd mier.“ Dann is er voran gedrabd, die Ogsnkarrn immer brav hinderher. Bald is der Zuch in an dungln, finsdern Wald neigriddn, wo er vo dem Ebbelein seine Kumbane umschdelld worn is.

Ja, so woar er hald, der Ebbelein, immer zu an klan Schbäßla aufgelechd. Neun Joahr hats dauerd, bis ihn die Nembercher nach seiner Fluchd widder eigfangd ghabd ham. Dann hams aber nemmer lang gfaggld. Auf a Rad hamsn gschnalld und endhaubded. So woar die Gschichd vo dem frängischn Raubridder Ebbelein. Und wer die immer no net glabd, der sollerd si amol des Lied vo dem Ebbelein oschaua, des wo mier scho in der Schull ham lerna müssn:

Sie haben ihn gefangen

mit Spießen und mit Stangen,

von Gailingen den Eppelein.

Das war ein Jubeln und ein Schrei’n.

Der Berch

Wer die Berchkerwa in Erlang net kennd, der hat was versamd. Deitschlands äldesdes Bierfesd gibt's scho seit 1755. Die Berchkerwa, Erlangens 5. Jahreszeid, oder einfach „Berch“ genannd, is älder als des Ogdoberfesd. Vor 150 Joahrn war Erlang **die** Bierschdad in ganz Bayern, vor Münchn und Kulmbach. Achdzehn Brauerein hats damals in Erlang gebn, und weil die Erlanger Bierbrauer den Burchberg durchlöcherd ham wie der Maulwurf mein Gardn – sechzeha Bierkeller hams in den Berch neigrabn und ihrn Gersdnsafd drin glacherd – drum sens a so groß rauskumma. Bis nach Übersee hams ihr Bier exbordierd. Rund 11 000 Sidzblädz sens – Eurobas größder Biergardn – dord am Burchberch, wo immer no jeds Joahr die Kerwa gfeierd werd. Zwölf Toch dauerds die Kerwa und beginna duds am Donnerschtoch vor Bfingsdn. Mehr als eine Million Besucher kumma jeds Joahr aus aller Weld. In Erlangs Nordn lichd er, der Burchberg. Da gehsd vo der Essnbacher Straß des holbriche Kobfstaabflaster vo der Bergstraß hoch, so ungefähr zwahunnerd Meder, dann stößd mer scho auf *„An den Kellern“.* Rechds gehds die Straß endlang wo die ganzn Fahrbedriebe aufbaud sen – rund an Kilomeder lang. Haubdsächli lings ab liegn die meisdn Bierkeller under hohe, alde und schaddige Laubbammer. Vierzehn Festwirde sinds heit immer no, die ihr Kerwasbier ausschengn. A gscheids Gwerch herrschd jedes Joahr am Berch, vor allem an die Feiertoch und die Wochnendn. Friehers, als wir no Bubn woarn, woars nu schenner als wie heid. Heidzutoch siehgsd die junga Leid bloss nu mid Dirndl und Lederhusn rumlaafn. Als ob solche bayerischn Fetzn zu an frängischn Volgsfesd bassn dädn, wo wir Frangn sowieso a gschdörds Verhäldnis zu der bayrischn Besadzungsmachd ham.

Um nomal auf des Gwerch am Berch zurüggzukumma: Da solld mer sich fei scho seelisch drauf eistelln, auf des Remidemi, gell. Wennsd da durch die Budnstraß gehsd, da wersd fei so richdich durchdrüggd. Bladsangsd derfsd do fei ned ham, sach ich eich. Auf jedn Fall sollersd dir ned grad den besdn Anzuch oziehgn, weil wenn dir a Hordn bsuffne Breißn entgegnkummd, a jeder a Bradwurschbrödla mit aner gehörichn Bordion Senft drauf in der lign Händ, in der Rechdn a Moß Bier, dann kannsd der scho vorher vorschdelln, wie du hinderher ausschausd, wenn die Breißn an dir vorbei sen. Gscheide Schuh brauchsd aa – net bloss so einfache Jesusschlabbn – weil si in dem Gedränge aa Müdder mid ihre Kinner und Ehemänner rumdreibn. Der Nachwugs hoggd in an Kinnerwoogn drin und zuzld an aner Berch-Zuggerwadde rum. Weil des rechd nervich sei kann, mit an Kinnerwoogn durch so a

Gedrängl zu laafn, ham die meisdn Müdder des Schdeier vo ihrm Gefährd ihrene Ehemänner iebergebn, die damid halt ieberhabds ka Erfahrung ham und maana die könndn damid umgeh, wie mit ihrn 280 BS Borsche Kajenn. Mei Lieber, da wennsd net aufbassd, dann rumbln die dir in dei Ferschn nei, dass maansd die Engl im Himml danzn Samba.

Auf der Erlanger Berchkerwa gehds genauso zu, wie auf andere große Volgsfesde aa: Da stehnna die Leid um die Foahrgschäfd rum und schaua in die Höh, wie 30 Meder ieber ihre Köbf andere rumgschleiderd wern. Mei guder Rad is, dass ihr net zu nah an diese Höllnmaschiena rangehd. Weil wenn die Himmelsschdürmer, in ihre enga Kabina neigschnalld, dreißich Meder hoch katabuldierd werdn und sich dorb drobn die Weld um sie drehd, dass maana könsd sie gehd under, dann kann des scho bassiern, dass es vo dord drobn alles Mögliche runderrengd, bloss ka Wasser. Na ka Wasser, abber Kämm, Händies, Geldbeidl, Schlüssl, Buderdosn, Libbnschdift, selbsd a Regnschirm könnd dabei sei. Und wenn du dir vorschdellsd, dass in so aner Gondl aa die bsuffna Breißn drin hoggn, die dir dei Jaggn mid Senft eigschmierd und dir ihr Bier ieber die Husn gschüdd ham, na dann Brosd Mahlzeid! Weil des is ja kloar, dass dene die Bierbrieh, wie a Dsunami, vo aner Magnwand zur andern schwabbd und des mit die zerkaudn Breggerli vo die Bradwerschdweggli drin. Do mussd einfach damit rechna, dass die Breißnzibfl vo dort drobn Breggerli auf dich runder lachn.

Zum Schluss zu muss ich no auf des Biesln, des Binkln, odder Gschäfdla machen, kumma. Also fasd jeder waaß ja, dass su a Bier dreibd, wenn mer zu viel gsuffn hat. Wenn du also vor deiner zweidn Maaß hoggsd und mergsd, dass du demnächsd des Brunzheisla aufsuchn müssersd, geh lieber gleich. Drügg ned no dei Baa zamm, bis fasd zu schbäd is. Ward net zu lang. In die

Büsch bingln is verbodn. Bisd a Moo, hasd es nadierli eifacher, als als Fraa. Abber däusch di ned. In die Doileddnheisli stehn die Männer in Dreierreiha vor der Brunzrinna. Bei die Frauen is des net a so. Abber da stehna die Wardeschlanga draußn vorm Heisla. Es könnt also scho a weng dauern, bisd drankummst, egal ob Moo, odder Fraa.

Nachds um Elfa is dann alles vorbei. Da dringd mer no sei ledzdes Bier aus, des mer si vor fimbf Minuddn schnell no beschdelld had und dann gehds nunder in die Aldschadt vo Erlang, wo die Kneibnwird scho wardn und si die Händ reibn, weil die Berchkerwazeid a ganz besonders lugradives Geschäfd verschbrichd. Da werd weidergfeierd in die Kneibn. Drinna und draußn, wenns Wedder bassd, bis in die Morgnschdund. Dann kummd die Müllabfuhr und kehrd den ganzn Dregg zamm. Danach sens ja bloss no a poar Schdund bis zum Friehschobbn, wenn der Berch sei Bfordn widder öffned.

Frängischer Wids

Wids gibds ja viel, abber bei uns erzähld mer si den immer widder gern: A Oberbayer aus Rosnheim hat a Bauschalreise nach Majorca buchd, mit Abfluch am Frangfurder Fluchhafn. Also hat er den ICE von Münchn nach Frangfurd gnumma. In Nemberch sen a Fraa mit ihrer 20-jährichn Dochder und a waschechder Nembercher, mit an mordsdrum Schäuferlesbauch in sei Abdeil zugschdiegn. Die drei wolldn aa zum Frangfurder Fluchhafn und ihre Fliecher net verbassn. Mer hat si a weng underhaldn, weil da is die Zeid schneller verganga. Nach aner knabbn Schdund is der Zuch scho in Würzburch eigfoahrn. Auf der lingn Seidn hat die drudziche

Fesdung Marienberch vom Berch runder grüßd und der Main is ruhich dahin gflossn. Auf der rechdn Seidn ham si schdeile Weinderassn hiezogn. Kaum hat der ICE den Würzburcher Bahnhuf widder verlassn ghabd, is er in an Dunnl neigfoahrn. Blödsli woars im Abdeil ganz finsder. Dann hat mer a lauds Geschmadse ghörd und wie aner a Schelln grichd hat. Des hat vielleichd klatschd. Als der Zuch bei Veidshöchheim widder aus dem Dunnl drausn woar, ham sie die vier Bassaschiere gans endsedsd ogschaud. Die Mudder hat dengd: „Etz hat doch dadsächli aner vo dene zwaa Hallodri mei Dochder küssd, aber die hat si des net gfalln lassn und hat dem Schdrolch a Schelln gebn."

Die Dochder hat si überlechd: „Schau na her, mei Mudder auf ihre aldn Dooch. Hat da net grod aner vo dene aldn Bögg versuchd sie zu küssn und hat dabei ane aufs Maul grichd? Gscheid rechd!"

Der Oberbayer aus Rosnheim hat si sei Goschn ghaldn und hat innerli gfluchd. „Kreizdunnerwedder, etz hat doch dadsächli der Feddsagg nebn mir ane vo dene beidn Damen geküsst und ich hab dafier die Brügl grichd. So a Ungerechdichkeid auf dera Weld."

Der Nembercher mit sein Schäuferlesbauch hat gans unschuldi dreingschaud, dabei hat er scho längsd an neia Blan ausgeheggd ghabd. „Wenn widder a Dunnl kummt, dann mach ich widder ‚*Schmadz*' und hau dem Bayern no amol ane runder."

Dreivierdl achda

Es woar Anfang der 70er-Joahr, als wir mid unsere Kinner in Bibione Urlaub gmachd ham, um in der Brieh vo der Adria zu badn, rumzublandschn und blede Sandburchn zu baua. Schregglich. Auf dem Zeldblatz ham wir a Ehebaar aus Hannover kennaglernd. Den Hans-Jörg und die Bedra Krause und ihre Kinner. An so manchn Abenden woarn mer zammghoggd, ham vorm Zeld billign Rodwein drunkn und ham ieber Godd und die Weld gred. Adressn ham mer zwoar ausdauschd, gschriebn hammer uns abber danach nie.

So sen die Joahr ins Land ganga, die Kinner sen groß worn und wir sen nie widder nach Bibione gfoahrn. Jahrzehnde späder, unsre Kinner woarn scho längsd ausm Haus, kummd a Brief vom Hans-Jörg Krause ins Haus gfladderd. Ob wir, als quasi fränggische Aborigines a Städtereise nach Nemberch, Bamberch und Würzburch embfehln könna, hat er gfracht. „Bingo“, ham mer ihm geandworded, „und wie“, und er soll uns danach schreiben wies woar.

Des had er dann a gmachd, vier Wochn schbäder. Sei Reisebrichd woar a anzichs Fiasgo. Der Hans-Jörg is hald aa a Breißnzibfl und schbrichd a geschliffns Hochdeidsch, abber was hilfd ihm des, wenn er net amol die einfachsdn frängischn Begriffe verschdeht, besonders was die Zeid angehd?

Als erschde Schdadt had er Nemberch bsuchd. Midn ICE is er angreisd und had im Sheraton reservierd ghabd. Die Burch und des Haus vom Dürer wollt er si unbedingd oschaua und had si exdra an Fremdnfiehrer buchd. „Ich hol Sie um halba zehna im Hodel ab“, hat der am Delefon gsacht. „Und sens büngdli, gell“, had der no exdra bedond, „vergessns Ihrn Scherm ned, a glaans Dief is angsachd. Es kennd a weng Renga.“ „Als ich pünktlich um 10:30 Uhr im Foyer des Hotels erschien", hat mer der Hans-Jörg in seim Brief gschriebn, „war kein Fremdenführer mehr da."

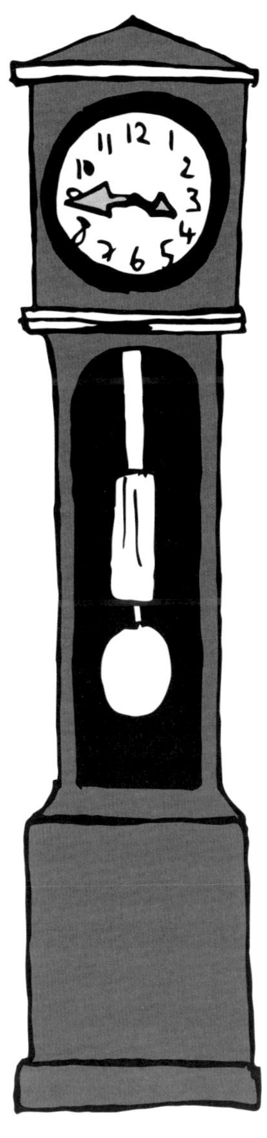

Am näxdn Toch wolld er vo Nemberch nach Bamberch weiderfoahrn. Is ja bloss a kurzes Schdügg. Des Alde Radhaus, Klein Venedich, der Dom ham ihn scho immer faszinierd und aa im *„Schlenkerla"* wolld er unbedingd eikehrn und des Rauchbier brobiern. Vom Sheraton zum Bahnhof is ja bloss a Kadznschbrung. Dort hat er dann an Mo vo der Deidschn Bahn droffn, mid aner Kabbn aufm Kupf, a blaua Uniform hat er anghabd und a digges Buch underm Arm. Den hat er gfrachd wann und wo der näxde Zuch nach Bamberch fährd. Der had gans höflich geandworded und sei diggs Buch widder zugschlagn. „Um viertl elfa geht a Zuch, des is die S-Bahn auf Gleis drei", had der gsachd ghabd. Der Hans-Jörg had auf seine Uhr gschaud und gmaand, dass er no jede Menge Zeid had. Dann had er im Bahnhof erschd no a zweits Friehschdügg zu sich gnumma. Fimbf Minuddn nach elfa is er dann am Gleis drei ankumma, abber da woar die S-Bahn nach Bamberch scho längsd weg.

Sei näxdes Reiseziel woar Würzburch, die schene Schdadt am Main. A dibischs Weinkokal in der Aldschadt wolld er unbedingd besuchn und dord aa gleich zum Abendessn geh. Dagsüber hat er die Residenz besucht is übern Oberen Markd schbaziert und in so mancher enga Gass gwesn, dann woar er vor der *„Altn Reblaus“* gschdandn. Gleich is er neiganga, in des alde Weinlokal, um an Blads zu reserviern. „Um dreivierdl achda werd widder a Disch frei“, hat der Wird gsachd. „Drei viertel acht, das passt mir sehr“, hat der Hans-Jörg geandworded und sich dabei dengd, dass er ja no genuch Zeid hat, um weider die Schdadt zu erkundn und auf die Marienburch nauf zu marschiern, weil mer da obn ja so an dolln Bligg auf den Main hat, und ieberhaubd …, bis kurz vor neina is no so lang hie.
Hungrich und durschdich woar er dann am Abnd widder vor der *Altn Reblaus* gstandn. Die Sunna woar längsd hinder digge Regenwolgn verschwundn. Sei Blasn hadn drüggd und der Wird had sein reservierdn Blads scho längsd weidervergebn ghabd. Net lang hats dauerd und a Durmuhr in der Schdadt hat neina gschlogn. Und dann hads plödzli zum Schiffn ogfangd. Badscherdnass is er gwesn, der Hans-Jörg, als er an seim Hodel ankumma is. Und scho widder had die Durmuhr gschlogn. „Mein Gott wie rast die Zeit vorbei“, hat er sich dengd, „is das vielleich schon viertel zehn?“ Da hat ers endli glernd ghabd, der Hans-Jörg, wie mer in Frangn die Zeid angibd.

Wenn ich an mei Oma deng

Mei Oma, also die Mudder vo meim Vadder, woar a herznsgude Fraa. Klaa woars, abber schdarg. Aus einfachn Verhäldnissn is kumma. Ihre Eldern ham an Bauernhuf ghabd. In Burgstall, des is a gans glaans Kaff in der Näh vo Herzogenaurach. Drei Schwesdern hats ghabd. Alle drei hams in an Bauernhuf neigheired. Die ane nach Neuhaus, ane nach Falkendorf und ane is in Burgstall bliebn. Bloss mei Oma ned. Die hat kan Bauern gheired, die is in die Schdadt zogn und hat an Beamdn gheired. Mein Oba, ihrn Moo, hab ich net kennaglernd. Der is im Griech bliebn, wie mer so schee sachd. Ich waß bloss so viel, dass er in Idalien sein Diensd verrichdn hat müssn. Eines Dages – es woar scho aufs End vo dem Zweidn Weldgriech zu – hat er am Bahnhof vo Verona ärwern müssn, als er und seine Kameradn vo die Amis ihre Diefflіecher ieberraschd worn sen. Sie ham nemmer rechdzeidich wegrenna könna und die Bilodn ham mit ihre Maschinagewehre auf alles gschossn, was si bewechd hat. Mei Oba woar a dabei. So is er gschdorbn.

Ich glab, dass sich heidzudooch des kaner mehr so richdich vorschdelln kann, wie des damals gwesn is. Viel hats net ghabd, vo ihrm Leben, mei Großmudder. Sie hat mer immer widder erzähld, wies damals woar. Scho als jungs Madla hats auf dem Bauernhuf daham ärwern müssn. Gäns hüdn, Küh melgn, bei der Ernde midhelfn. Freizeid woar a Fremdword. Sowas hats damals net gebn. Seid ich mich erinnern kann, ham mier zur Miede gwohnd – mei Eldern, mei Oma und ich. Des woar in die 50er-Joahr. Mei Großmudder hat a eigns Zimmer ghabd. Ich ned. Ich hab im Zimmer vo meine Eldern gschlafn. A Wohnzimmer ham mer aa ghabd. Aber da had si niemals aner aufghaldn.

Des woar nur zum Vorzeign da. Bloss wenn Besuch kumma is, und des woar seldn der Fall, hat mer da nei dürfd.
Des Lebn hat si in der Küchn abgschbield. Die woar groß gnuch dazu. Da is a großer Disch rumgschdand, mit fimbf Schdühl und a Sofa. Den Ufn, auf dem kochd worn is, hat mer mit Holz und Brigedds ogschürd. Der hat no a Wasserschiff ghabd, in dem es immer a warms Wasser gebn hat. Die Fußbödn woarn no aus Holz. Da hat scho manchesmal a Dieln gnarzd, wenn mer drüber gloffn is. Fernseher und Kühlschränk hats nunni gebn. Auf an Regal woar unser Radio gschdandn.
Abends um siema is immer des Beddhubferl kumma. *Ohren auf, Augn zu, denn jetzt kommt euer Betthupferl,* hats immer ghaßn. Dann hat des Beddhubferl a Gschichd erzähld, und wenn die vorbei woar hab ich ins Bedd geh müssn. Wie gsachd, an Kühlschrank hats aa noch net gebn. Unsere Fensder ham dobblde Scheibn ghabd. Die hat mer mid an Schraubnzieher ausnander schraubn könna. Im Winder, wenns draußn kald woar, is da die Budder und die Wurschd dazwischn glacherd worn. Wenns draußn richdich frosdich woar, ham sich auf den Fensderscheibn ganz filigrane Eisblumma gebilded und es hat scho a weng reizogn durch die undichdn Fensderridzn.
Mei Eldern woarn kane reichn Leid. Da hats ganz a einfachs Essn gebn. Mei Vadder hat so gern Milchsubbn und Blaugraud mit Schdadtwurschd gessn. Des hab i gehassd, wenn sich auf dera haßn Subbn a Haud gebilded hat. Am Sunndooch hats immer a Fesdessn gebn. A Gegerla fier vier Leit, an feddn Schweinebradn mit Gleeß und Sauergraud, odder zwischndurch scho amol an Schdallhoosn. Ich hab goar net gnuch vo dem feddn Fleisch griegn könna, hat mir mei Oma schbäder immer erzählt. „Ich will a weiß Feisch“, soll ich immer gsachd ham. Heit krieg ich suwas nemmer nunter. Als ich a weng älter woar, kann ich mich a heit no dran erinnern, mussd ich immer die roha Bo-

daggn fier die Gleeß reibn. Mei, was hab ich mir da manchmal die Finger blutich griebn.
Schbäder, 1960, sen mier in a Eigndumswohnung umzogn, mei Eldern, mei Oma und ich. 54 Kwadradmeder woar die groß, klenner als die Wohnung vorher. Dafier hats an Balkon ghabd, abber kan Gardn mehr. Ich hab immer no im Eldernschlafzimmer iebernachd. Neun Familien ham in dem Haus gwohnd und es hat a Hausordnung gebn. Straßn- und Gehsteich kehrn, wie aa Trebbn runderwischn, ham zu meine Aufgabn ghörd, wenn wir mal widder an der Reih woarn. Und zum Eikaafn hat mich mei Mudder jedn Samsdooch gschiggd. Grad am Samsdooch, wenn beim Medzger der ganze Ladn vullgschdandn is. Damid woar ich abber no net fertich midn Eikaafn. In an Dande-Emmaladn hast du außer Fleisch alles grichd: Milch, Eier, Budder, Obsd und Gmüs.
Und dann kam der Sunndooch. Da bisd rausbudzd worn. Wie a Laggaff hast danach ausgschaud. A Grem hams der in die Hoar nei gschmierd und an Scheidl wie am Lineal hams der zogn. „Ziehch dein gudn Anzuch an“, hats dann ghaßn, „und bass auf, dassd di net dreggerd machsd.“ Wie ich no klenner woar hat mer des nigs ausgmach, abber wennsd a weng älder wersd und ofängsd auf die Madli zu schaua …
Woran ich miech aa heid no gern erinnern kann: Im Kinnergardnalder bin ich am Sunndooch immer a weng frieher aufgschdandn und bin zu meiner Oma in ihr Zimmer neighuschd. Ich glaab die hat scho auf mich gward ghabd, weil sie gleich ihr Bedddeggn hochghobn hat. Dann hab ich mich an mei Großmudder kuschln dürfn und sie hat mir immer liebevoll den Rüggn grauld und mir vo noch friehere Zeidn erzähld, als sie selber no a jungs Madla woar, als dann der Zweide Weldgriech ogfanga hat und was der Hidler fier a Orschloch woar. Und wenns dann vor lauder Erzähln vergessn hat, mein Buggl zu grauln, hab ich

zu ihr gsachd: „Weidermachn, Oma." Und mei Oma hat weidergmachd. Mid 85 Joahr is dann friedlich eigschlafn und nemmer aufgwachd. Abber manchmal hab ich des Gfühl, als obs a heid no vom Himml runderschaua, und am liebsdn weidergrauln tät. Oma, machs gud im Himml drobn und grüß mer den Oba schee, aa wenn ich ihn goar net kenn. Mer sichd si.

Wienerle

Ich hab ja eingangs scho a weng was ieber die Frangn gsacht, abber dass aa große Erfinder sen, nunni. Die Daschnuhr hams erfundn, den erschdn Globus, die Dschiens und den Kiehlschrang, sogoar den Fernseher und den Radio. Abber wer hädd dengd, dass aa die Wienerle erfundn ham?
Des woar der Johann Georg Lahner. Im Joahr 1772 is er in Gasseldorf geborn. Gasseldorf lichd glei hinder Ebermannschdadt in der Frängischn Schweiz. Aa heid is no a klans Bauernkaff und dem Lahner seine Eldern woarn damals scho arma Bauern. Woahscheinli hat er damals, als junger Bursch, zu viel gfressn. Weil sei Vadder und sei Mudder ham ihn fasd nemmer durchbrachd. „Hau ab", hams zu ihm gsachd, „lern was Gscheids und sorch fier dich selber, du frisst uns ja die ledzdn Hoar vom Kubf."
Des hat sich der Johann Georg net zwamal sogn lassn und is nach Frankfurt am Main abghaud. Dord hat er Medzger glernd und hat dabei die Wiener Werschdli erfundn. Wie er dann mid seiner Lehrzeid ferdich woar, hatsn in die weide Weld nausdriebn. So um des Joahr 1800 rum, is er auf Wanderschafd ganga und hat als Ruderknechd auf an Donauschiff angheuerd. In Wien is er ausgschdiegn Es hat scho a weng dauerd, bis

er sei eigene Fleischerei aufgmachd hat. A reiche Fraa hat ihn 300 Guldn Kredid gebn. Etz könnt mer nadürli scho schbeguliern, warum die des gmachd hat. So mir nigs, dir nigs werd sis net gmachd ham. Odder? Is do vielleichd was gloffn zwischn ihm und dera Fraa? Abber wir wolln hier net des Schbeguliern ofanga. Jedenfalls hat der Lahner in seiner Medzgerei die von ihm erfundenen Werschdli hergschdelld und verkafd. Es woar im Joahr 1805, als die Wiener Zeitunga gschriebn ham, dass in seim Schaufensder „mergwürdige Gebilde" hänga. Des hat si in Wien in Windeseile rumgschrochn. Jeder hat die Werschdli brobierd: Der Johann Nestroy, der Franz Schubert und selbsd der Richard Strauß. Aa der ösderreichische Hof is auf die Werschdli aufmergsam worn und hat si beliefern lassn. Und weil der Lahner sich an sei Frangfurder Lehrzeid erinnerd hat, hat er die Werschdli „Frangfurder" gnannd. Etz wissen wir aa, warum die klan, dünna Werschdli in Ösderreich „Frangfurder" haßn und bei uns „Wienerle".

Was an Frangn ausmachd

Der Müllers Fritz und der Ewald Burmester woarn beim Fuchsn Wird am Schdammtisch ghoggd und ham si ieber Godd und die Weld underhaldn. Es woar a Samstoch, der erschde Juli 2006. Auf die andern zwa Kartler hams no gward, den Franz und den Jupp.
„Morgen müsste man eigentlich nach Nürnberg fahren", hat der Ewald aus heiterm Himml gsacht.
„Warum des?", hat der Fritz wissen wolln.
„Na morgen findet doch erstmals der Tag der Franken in Nürnberg statt", hat der Ewald drauf erklärt. Was er denn beim Toch der Frangn will, hat der Fritz drauf wissen wolln. Wer Burmester haßt, hat dort doch ieberhaubd nigs verlorn. Und außerdem ...
Wieso, er sei doch aa a Frangge, hat der Ewald argumendierd. Schließli wohne er scho seid zeha Joahr hier. „Wohna", hat der Fritz wiederhold und wär vor lauter Lachn fasd zambrochn, „wohna haßd doch net, dass du deswegn a Frange bisd." Erschdens sei er goar net aus dem ganz bsondern Holz gschnidzd. Und außerdem, sei Schbrach, sei Schlebbern, sei ganze Goschn, die nie zum Redn aufhörd. Frangn redn net so viel wie er, hat der Fritz gsacht. „Wir sen bescheidener als ihr Breißn. Ihr red und red und red. Und dabei habd ihr am End no net amol was gsachd – zumindesd nigs, was uns Frangn inderessiern tät. Ihr blasd eich doch meisdns bloss auf, machd aus jeder Muggn an Elefandn und wolld ieberall midredn, habd abber ka Ahnung worums ieberhabd gehd. Des könndn wir Frangn goar net. Mier sen do viel zurügghaldender und bflegn unsern Dialegd, der so schee leichd dahie blädscherd. „Bevor wir zu viel redn, halt mer lieber unser Goschn. Ich sach etz besser aa nix mehr, hab eh scho zu viel gred."
Der Ewald hat sich des alles oghörd. Dann isser fugsdeiflswild worn. Des könnd er net auf sich sitzn lassn, hat er wider-

schbrochn. Etz möchd er abber scho amol wissen aus welchm Holz er denn gschnidzd sei. Aus an hartn, an waachn, an Holz mid Eggn und Kandn, odder goar an abgschliffana Holz. Und außerdem, was sein Noma angeht ... Burmester kummt schließli vo Burchermaster und des sei wohl scho a weng mehr als Müller, odder Meier. So a Disgriminierung hat er ja no nie erlebd, seid er do in Frangn lebd.
Was er denn auf dem bleedn Holz rumreided, hat der Müllers Fritz drauf gsachd und hat sei Aussach vo vorhin dedailierd begründed. Ob der Ewald scho amol was vom zweidn Juli aus dem Joahr 1500 ghörd hat, wollt er wissen. Naa hat der gsachd, da woar er nunni auf der Weld. „Siehgsders“, hat der Fritz gsachd, „a Frange sei wolln, abber kann blassn Schimmer ham. Am zweidn Juli 1500 had mer auf dem Reichstoch von Augsburch die Heiliche Deitsche Nadion in segs Reichsgreise eideild. Der Reichsgreis 1 had si zusammengsedzd aus den Hochschdifdn Bamberch, Würzburch und Eichschdädd, außerdem den Zollerischn Fürsdndümern Ansbach und Kulmbach sowie den fimbf Reichsschdädten Nermberch, Rodenburch, Windsheim, Schweinfurd und Weißnburch. Dazu ghörd hat aa des Fürsdndum Hohenlohe und die Grafschafd Henneberg und sunst no so a wenig a klaans Gruusch. Des woar die Geburd vo Frangn. Im Joahr 1806 sen wir durch des Königreich Bayern besedzd worn. Danach sen immer mehr Breißn, wie du aner bisd, zu uns kumma und maana, dass sie etz Frangn sen. Des solld mer scho wissen, bevor mer si bei uns niederlässd.“
„Das muss ich mir net anhören“, hat sich der Ewald eschofierd, is aufgstandn und is ganga.
„Wo isn der Ewald?“, ham der Franz und der Jupp gfrachd, als sie sich a weng schbäder am Schdammdisch niederglassn ham, „isser krang?“
„Waaß i net“, hat der Fritz gsachd, „ich hab gherd, der hat heit sein Moralischn. Schbiel mer heit hald an Dreier-Schafkubf.“

Der bsoffne Nikolaus

Es woar in der Vorweihnachdszeid, als mier vier beim Fuchsn-Wird zum Karbfnessn woarn, der Schmieds Hanni, sei Fraa, mei Fraa und iech. Schee hats ausgschaud in der Wirdsschdubn. Obn, under der Holzdeggn woarn wie immer die verschnörglndn Äsd vo dene Korgnzieherweidn ghängd. Lauder klane Lichderkeddn woarn da drin verwurschdld und ham sanfde Lichdbungde under die Deggn zauberd. Der Wird hat rode und silberne Weihnachdsbammkugln in die Zweige ghängd. Alles hat glidzerd und gschrahld. Richdich weihnachdlich hat alles ausgschaud.
Der Hanni und iech kenna uns vo der Schull her, und wies der Deifl will, sen mier uns nach mehr als zeha Joahr mal widder zufällich iebern Wech gloffn. Beim Bägger ham mer uns droffn. Gleich ham mier unsere Delefonnummern ausdauschd und ham uns a Wochn schbäder beim Fuchsn-Wird vereinbard, mid unsere Frauen. So sen mier zammkumma, und etz hogg mer da, weihnachdlich geschdimmd und freia uns auf an scheen Abend und unsere baggene Karbfn, die wir scho beschdelld ghabd ham.
Und dann is mer was eigfalln. „Soch amol Hanni“, hab ich ihn gfrachd, „friehers hasd du doch öfders den Nikolaus gmacht? Machsd du dees heid aa nu?“ Mer muss wissen, dass der Hanni beim Heimadverein is und sich gern fier die aldn Bräuch eisedzd. Den Hanni konnd mer quasi miedn und dann is er als Nikolaus vergleided in die Familien kumma und had die klan Kinner bescherd. Kaum hab ich die Frach gschdelld ghabd, reissd der Hanni sei Arm iebern Kubf zamm und schüddeld si wie a Betz. „Erinner mi bloss ned da dran“, had er gschdöhnd, „mei schlimmsde Zeid.“ Sei Fraa had in sich nei gschmunzld.

„Warum?“, hab ich gfrachd, „des hasd du doch immer gern gmachd, hab ich dengd?“
„Scho, bis zum 6. Dezember vor fimbf Joahr. Da is die Kadasdrophe ieber mier reibrochn.“
„Erzähl!“, hab ich ihn aufgforderd, worauf er sei Fraa ogschaud had. Die had immer no gschmunzld und midn Kobf gniggd.
„Also des woar a su: Des woar a kalder Nikolausdooch. Grengd hads und dann is aufn Abnd zu richdich kald worn. Der Regn is hiegfrorn und es woar gladd auf die Schdrassn und Gehschdeich. An dem Dooch hams mier im Gschäfd rechd eilich ghabd. Frach mi ned warum. A Beschbrechung had die andre gjochd und iech bin net amol zum Middoochessn kumma. Um Fimbfa had uns der Scheff nomal zammgrufn. Ich hab scho auf die Uhr gschaud, weil um Siema hab i mein erschdn Nikolausdermin ghabd. Ich hab den ganzn Dooch no nigs gessn ghabd und mussd ja aa no midn Bus ham nach Röttenbach foahrn.
Also mier hads scho bressierd, will iech damid bloss zum Ausdrugg bringa. Manchmal gibds ja Dooch, an dene alles schief gehd. Des woar so aner. Jednfalls hab ich des grad no gschaffd, dass i Pungd Sechsa an der Bushaldeschdell gschdandn bin. Dann is der Bus net kumma. Es woar ja aa scheißgladd. Selbsd in Erlang, in der Schdadt, sen die Audos bloss so dahie gschlichn. Zwangs Minudn schbäder is er endli kumma. Die Zeid is immer gnabber worn. Drei Minudn vor siema woar ich dann endli daham. ‚*Ess na erschd was*‘, had mei Fraa gsachd. Abber ich hab ned auf sie ghörd, ich wolld ja aa ned zu schbäd kumma. Also hab ich mich schnell umzogn, mein Nikolausbard umghängd, mei rode Nikolausmüdzn aufghoggd, den Sagg mid die Geschenge und die Rudn baggd und bin losgschdürmd. Mei Moogn had mer vor lauder Hunger grachd und geblögd wie a brünfdicher Hirsch.
Vier Minudn nach der vereinbardn Zeid bin ich bei der erschdn Familie ankumma. Die ham scho dengd ich kumm nemmer.

Jednfalls is alles gud ganga. Die zwaa Madli woarn schdark beeindruggd vom Nikolaus. Ich hab mei diggs Buch rausghold ghabd und hab mein einschdudierdn Schbruch losglassn: ‚*Ich bin der liebe Nikolaus, bring schöne Sachn euch ins Haus. Vom Himml drobn komm ich her, den Wech zu findn war net schwer. Ward ihr auch wirklich brave Kinder? Im Frühjahr, Sommer, Herbsd und Winder? Viel Schbielzeuch, Naschzeuch bring ich mid, von meinem langen Himmlsridd.*‘

Des woar immer mei Schdandardschbruch, den ich drauf ghabd hab. Die Kinner ham sich ieber die Sachn gfreud, die ich midbrachd ghabd hab. Am Disch ham fesdlich Weihnachskerzn gleuchded und die Eldern woarn mid meim Aufdridd aa rechd zufriedn. Dann had die Kadasdroph ihrn Lauf gnumma. ‚*Herr Nikolaus*‘, *had der Vadder gsachd*, ‚*hams net an Wunsch? Draußn is doch so kald, da däd Ihna a Gläsla Bunsch gwieß net schadn?*‘ Ich Debb hab mich eiladn lassn. Net wegn dem Bunsch, abber auf dem Deller woarn aa a poar Weihnachdsblädzli glegen, und ich hab doch so an Hunger ghabd. Der Vadder und die Mudder ham net logger glassn. ‚*Auf an Baa schdehd mer net*‘, hams gsachd und ham mir no amol so an riesichn Bodd Bunsch hie gschdelld.

Als ich dann widder draußn auf der Schdraß woar, hats mi scho a weng dreht. Kurz drauf hab ich beim nägsdn Haus klingld. Die Dier gehd auf und a wilde Hordn schdürzd raus. Dabei woarns bloss drei Kinner. Der äldere Bu hat si soford an mei Nikolausgwand hie ghängd, des Madla hat so hefdich an mein Bard zogn, dass ich ghaard hab, und der klensde hat soford mein Sagg durchschdöberd. Irgndwie hab ichs dann doch no ins Haus nei gschaffd und hab widder mein Schbruch losglassn. Dabei hab ich allerdings a weng was durchnander brachd: ‚*Ich bin das liebe Nikoläuschen, und dringend müssd ich mal aufs Häuschen. Vom Himml drobn komm ich her, und underwegs*

war viel Verkehr. Ihr drei, ihr seid doch Gschwisderkinder, ich mein, des sichd sogar a Blinder. Nun singd schön euer Weihnachdslieder, ich hörs mer an, dann geh ich wieder.'
Die Mudder hat gschaud wie a Achhernla, wenns blidzd, der Vadder, glaab ich, woar scho a weng bsuffn. Die Kinner, der Timo, die Hanna und der Peter ham si um die Gschenke gschdriddn und ham des Schbielzeug an die Wänd hie donnerd. *‚Kummers, Herr Nikolaus'*, hat der Vadder gsachd, *‚mier genga etz auf den Balgon naus, rauchn a Zigareddn und dringn a Schnäbsla dabei. Ich scheng uns an Willjams ei, weil ich dring net gern alla. Danach gengas halt in Godds Nama aufn Abord, wenns scho so dringend müssn.'* So is dann aa kumma. Drei Willjams hab ich dringn müssn. Mei Moogn hat rebellierd, abber vo inna raus wars mir scho schee warm.
Widder draußn auf der Straß, hats mer auf dem Gladdeis erschd amol die Fieß wegzogn. Aufn Buggl hats mi hieghaud. Die Gschenge in meim Ruggsagg ham gschebberd. Dann hab ich mich widder aufgrabbld und hiegschelld. An einem Gardnzaun hab ich mich fesdghaldn. Dreihunerd Meder hab ich no bis zum nägsdn Haus ghabd. Ich bin mehr gschlidderd, als gloffn. Irgendwie hab ich des jednfalls gschaffd. Ach wie schee is doch des Weihnachdn. Underwegs hab ich nomal mein Schbruch eigeübd, abber es is jeds Mol a andre Version rauskumma. Egal, ich schaff des scho. Dann hab ich glingld. Die Dier is aufgmachd worn und zwaa Breißn sen vor mir gschdand. *‚Ich bin der bsoffne Nikolaus,* hab ich gsachd, *kumm grad erschd aus dem Hofbräuhaus. Und auf dem Wech vo dort hierher, bin gsausd ich wie die Feierwehr. Mei Schliddn, der hat segs Zylinder, wo sindsn etz, die Deiflskinder? Kabuddes Schbielzeich bring ich mid, weil drauß ich auf dem Eis ausglidd.'*
Die Eldern ham dengd ich mach a Schbäßla, dabei woar ich middlerweiln wergli bsuffn wie a Haubidzn. Jedenfalls, als ich so

vor der Dier gschdandn bin, ham die mich mid an Schambus-Gläsla embfanga. Mir woar zwischnzeidli scho alles egal. Ich kann mich erinnern, ich habs jedenfalls auf Ex leergsuffn. Dem Vadder hats die Schrach verschlagn, was bei an Breißn seldn bassierd. Als ich ihm dann mei leers Glas hieghaldn hab, is er regelrechd erbleichd. Nur widerwillich hat er mir nachgschengd. Dabei hat er si so bleed ogschdelld, dass mir des Glas aus der Händ grudschd, und aufm Bodn hie gnalld is.

A Glas hab ich in meim Zuschand eh nemmer brauchd. Ich hab ihm die Flaschn Schambus aus der Händ grissn und hab an ordndlichn Schlugg gnumma. ‚*Und etz schdeggd si der Weihnachdsmann, a herrlich dufdend Bfeifchen an*', hab ich drauf zur Mudder gsachd und hab nomal die Schambus-Flaschn angsedzd. Die had mi mid großn Augn ogschaud und gfrachd, wie ich mir des erlaubn könnd. Dann had die ald Schnalln Zeder und Mordio blägd und had mi auf die Straß naus gworfn. Zum Schluss hads mer mid ihre schbidzin Bömbs no an Dridd ins Schdeisbein versedzd. Abber des had mir nigs weider ausgmachd, weil die Flaschn Schambus hab ich immer no in der Händ ghabd. Des woar mei ledzder Aufdridd als Nikolaus", hat uns der Hanni erglärd.

Chrisdkindlesmargd

Ich waaß net, wie des bei Ihna in Ihrer Gegnd is, abber bei uns gibds jeds Joahr immer mehr Chrisdkindlesmärgde. Die schiessn wie die Schambions ausm Bodn. Vor allem die aldn Schlösser und Burgn, die an Schlossbarg ham und deren Eigendümer sich **von** schreibn, tun si seid einicher Zeid hervor. *„An historisch alter Stätte, vor romantischer Silhoutte …"* So werbns. Dann siehgsd du auf an Blagad a schneebedeggde alde Burch, meisdns mid an Ridder davor, der a Rüsdung o hat. Wer lefdn heidzutoch no so rum? Wennsd weiderliesd, dann werds der scho des erschde Mal schlechd, dassd schbeia könnsd, weil under zehn Euro Eindridd gehd do goar nix. Wennsd dem Burchherrn aufm Leim ganga bisd und vor der baufällichn Fesdung schdehsd, hasd scho des zweide Mal verlorn: Erschdens, es lichd goar ka Schnee und Zweidns der Schlossparg is a anziche, vom Regn aufgweichde Schlammgrubn. Vo wegn romandische Silouedde! Und des muss mer si werkli erschd amol vorschdelln: Da zahlsd zeha Euro Eindridd, damid du in an versumbfd, dreggin Schlossparg nei derfsd. Amol drin, sollsd fier des Graffl des do gibd, aa no Geld ausgebn. Was Gscheids gibds sowieso net zum Kaafn. Was griegsdn do scho? Gribbnfigurn, Chrisdbammkugln, Kerzn, Ausschdechforma fier Blädzli, Wärmekissn, Underhusn, Büsdnhalder, Sofadeggn, all des Glump hald, des wosd wo andersch aa griegsd. Bloss wo andersch is viel billicher.

Gscheid Essn und Dringn sollersd auf dem Weihnachdsmargd außerdem. Glühwein, Bunsch, Bradwerschd, Baggers, Flamm-, und Zwieblkuchn, aa alles sinddeier. Da zahlsd ja bei so an Maronenmanscher scho fasd vier Euro für a poar Edlkasdanien, die eh nach Orsch und Friedrich schmeggn. Ich hab mer a Bradwurschdbrödla kafd mid drei Nembercher, für drei Euro.

Dann hab i mir mid dem Senft ersch amol mei Jaggn eigsaud. Mei Schuh woarn badscherdnass und durchgwaachd, als wenns in an Regnfass Bood gfahrn wärn. Der Glühwein had nach Odl gschmeggd und zum Schluss bin ich a no in an Haufn Hundescheiße nei gsabbd, die an meine nassn Schuh so schee rumbabbd is.

Ausgschaud hab i, wie a Rodweinbruder. Badscherdnass woar i. Und dann hads scho widder zum Renga ogfangd. Mein Scherm hams mer am Bradwurschdschdand glaud ghabd, wie ich an Momend net aufbassd hab. Als ich dann endli daham woar, hab i mi erschd amol auszogn und hab mei ganzn Klamoddn, einschließli mei Schuh in die Mülldonna neighaud. Nie widder geh ich auf an Weihnachdsmargd, hab i mir gschworn. Scho goar net auf an Weihnachsmargd in an Schlossbarg. Des sen alles bloss Halsabschneider.

Frängische Nachbern – Der Gardndeich

Der Gerch und der Hanni, zwa frängische Aborigines, sen scho seid mehr als zwanzich Joahrn Nachbern. Mordsdrum Heiser hams auf ihre Grundschdügger baud. Mögn tun sie sich net so rechd, scho vo Anfang an net. Der aane is Glubberer, der andre Bayern-Fän. Es woar Midde März und der erschde scheene Toch im Joahr, nach an werkli kaltn Winder. An so an Toch gehd der Frange in sein Gardn und fängd o, alles widder herzurichdn. Am Gardnzaun ham sie sich droffn.

„Servus Gerch."

„Grüß di Hanni."

So harmlos hats ogfangd, des Gschbräch. Dann hat der Gerch den klan Bagger entdeggd, der wo im Hanni sein Gardn a Grubn ausghobn hat. Was des wern soll, hat er gfrachd, so a mordsdrum Loch. „Des werd scho no gresser", hat der Hanni gsacht. „Des werd a Gardndeich. Da kumma Kois nei Mindesdens zwaa Meder dief soll der wern." Des kann er doch net machen, hat si der Gerch endrüsded, wenn do ans neifällt. „Wer solln do scho neifalln", hat der Hanni gmaand. „Mir ham doch ka klane Kinner mehr."

„Mei Kadz zum Beischbiel", hat der Gerch argumendierd. Des tät grod passn, hat der Hanni gmaand, wenn die dersaufn tät, weil die hat er sowieso gfressn, derweil dem Gerch sei Scheisskatz eh ieberall hiescheissd und hiebrunzd. Dann wärs endlich wegg, wenns dersäufd. Und ieberhaubds, wenn er die amol an seim Gardndeich sichd, wie die sich an Koi raushuld, dann bringd er des Viech eh bersönlich um die Eggn.

Des soll er sich amol erlaubn, hat si der Gerch aufgrechd. Und dass do a Gardndeich hiekummd, in Hanni sein Gardn, do is no net des ledzde Word drieber gschbrochn. Beim Burchermasder werd er si beschwern, hat der Gerch drohd, weil so a Deich a jede Menge Ungeziefer anloggd. Schnaagn und Frösch, zum Beischbiel. Die an schdechn und die andern machen an Hölln-lärm. „Hasd du Depp scho mal do drieber nachdengd? Gwieß net! Da grigsd vo mir a Anzeich wegn Ruheschdörung. Dann kannsd dei Loch widder zuschüddn."
Wenn er etz net endli sei dreggerds Läsdermaul hält, hat der Hanni zurügggschria, dann baud er aa no an Hühnerschdall an die Grundschdüggsgrenz, mid an mordsdrum Goggl drin. Do kann er sich erschd was ohörn, wenn der jedn Morgn frieh um fimbfa grähd. „Do kummt Freude auf", hat er glachd, „in der Frieh der Goggl und nachds die Frösch. Und net dass du mansd, dass dei Scheisskadz in meim Gardn weiderhin dreibn kann, was will, Gardndeich hie odder her. Gleich Morgn kaaf ich mir an Schäferhund. An richdich scharfn. Do könnd er erschd schaua, du und dei Kadz. Und wenn ers erschd amol derbissn hat, der Hund, dann werfis nieber, übern Zaun, dei dods Kadzerviech, in dein Gardn nei. Kannsd heid scho amol a Dodngrubn aushebn, in deim Ungraudagger."

„Geh nauf zum Ding, und soch dem Ding ...“

... der Ding soll ro, sunst läfft dem Ding sei Ding davoo.“ A bekannder frängischer Schbruch. So a Kwatsch, wern Sie sich dengn. „Hopperla, aufpassd“, sedz ich do dagegn. Scho der alde Immanuel Kant, deitscher Philosoph der Aufglärung und berühmder Erkenndnisdeoretiger hat si scho mid dem Begriff „Ding“ ausanandergsedzd und is zu der Meinung kumma, dass des Word „Ding“ nur im transzendentalen Sinn zu gebrauchn is. Was hadn der damid gmaand? Had der vielleichd an Badscher ghabt? Midnichdn! Wir sogn doch heid aa: „Ich zieh des Ding durch.“, odder „Geh da raus, mach dei Ding, lass di net klaa redn, des hier is dei Lebn!“ Sugoar unsere Opn-Border-Kanzlerin, die Anschela, sachd manchmal „Gud Ding will Weile ham“. Was die abber damit maand – des wiss mer scho – des is ganz was andersch. *Irgendwann werd aus Irgendwas scho mal was wern*, will die Kanzlerin damid soogn. Dafier ham wir Frangn abber a eigenes, brägnanderes Schbrichword und des haßt „Es werd scho widder wern, mid der Fraa Kern, mid der Fraa Horn is aa widder worn.“

Ich habs ja scho eingangs gsachd, dass unser frängischer Dialegd do scho ganz fein underscheided, weil der halt so dreffgenau is. Kumm mer widder zurügg zum „Ding“ und unserm Schbrichword und wie wir Frangn des verschdenna. Unsre Analiese lauded wie folgd: Der Begriff „Ding“ is fier uns Frangn a reines Füllword und kann fier alles schdeh. Egal ob a Sach, odder a Berson. Des sei an dera Schdell amol vorausgeschiggd. Übersedzd bedeuded des Schrichword, dass **du** (Geh nauf – du gehsd also nauf) als Angeschrochener, hinauf (es gehd also bergan) zu aner Berson geh sollsd, die wahrscheinli am Berch obn wohnd (weil sunsd täts du ja ned naufgeh müssn, sondern nunter) und deren Noma deinem Aufdrachgeber grad net eifällt. Wir benenna diese Berson drum im Momend als unbekannde „Berson X“, wobei wir scho genau wissen, dass die Berson X männlich is, weil es haßt ja …**zum** Ding und **dem** Ding. Wenns a Fraa wär, täts ja **zur** Ding und **der** Ding haßn. Des is im Momend abber wurschd und net so wichdi. Mer muss si bloss im Kubf behaldn, dass mer der Berson X was ausrichdn soll – also du. Du sollsd dieser Berson (X) soogn, dass vo ihrn Berch runder kumma soll, weil wenns des net machd, dann passierd was. Dann könnd es nämlich sei, dass der Berson X ihr Ding (des kann alles Mögliche sei, was der Berson X gehörd und was laafn kann) davo läfft. Jednfalls herrschd nun, die Berson X bedreffnd, auch Klarheid darieber, dass sie im Besidzdum eines Ding is (wobei „Ding“ sich diese Mal nichd auf die Berson X selber bezieht).

Um des zu verdeudlichn, bezeichna wir nun das zweide Ding (also den Besidzdum der Berson X) mit „Y“. Zusammenfassnd lässd sich generell fesdhaldn, dass einer männlichn Berson X, die am Berch drobn wohnd, eine Sache Y ghörd, welche laafn kann und höchsdwahrscheinli verlusdich gehd, wenn sich X net vo seim Berch zu seinem Ding Y runder bewechd. Des is a guds Beischbiel, wie logisch und eifach des Frängische sei kann.

Die Geißboggschdadt

Middn im Aischgrund lichd die Schdadt Neustadt an der Aisch. Mer sachd es is die Geißboggschdadt. Ihr wolld wissen warum? Des woar a so:
Im Joahr 1461 ham die Soldadn vo dem damischn Bayernherzog Ludwich die Schdadt belacherd. Die arma Bürcher ham große Nod gliddn, weils nach einicher Zeid nigs mehr zum Fressn gebn hat. Eigendli hams scho dro dengd, dass es vielleichd besser wär, sich zu ergebn. „Kummd net in Fraach“, hat aner grufn. Wir wern uns doch vor Ludwich, der aldn Bayern-Sau, ned ergebn. Ich hab mir da was ieberlechd.“ A klaaner, schmächdicher Schneider woars, der des gsachd ghabd hat. „Der Ludwich maand, dass wir nigs mehr zum Fressn ham. Deswegn dengd er, dass wir bald aufgebn. Abber da had er si gschniddn.“
Dann hat der klane Schneider den Radsherrn sein Vorschlach underbreided. „Ausm Fell vo unserm ledzdn Geißboggn, den wir neili gschlachd ham, hab ich mir an graua Rogg gschneiderd. Da schlupf ich nei und hogg mer dem Bogg sein Kupf auf.“ Dann hat er den Schdadtherrn erglärd, dass er so vergleided auf der Schdadtmauer rumhubfn will. „Die Bayern, draußn vor der Schdadt solln maana, dass wir no gnuuch zum Fressn ham.“ Es hat net lang dauerd, da hat der Ludwich gmaand ihm falln sei Glotzer ausm Schädl. Fasd hätt er a Griese grichd, ieber des, was er da gsehgn hat. Vor ihm auf der Schdadtmauer is plötzli a Geißbogg rumghubfd und hat gmeggerd wie a ganze Herdn Ziegn. Kaum woar er widder verschwundn, is drobn aufn Durm a anderer rumgsprunga. Kurz drauf hat zwischn den Zinnen vo der Mauer der näxde zu ihm runterglotzt. „Wo kimma all die Goaßn her?“, hat sich der Ludwich gfrachd. „Es scheind, als werns allweil mehr. Und i hab dengd, dass die Schadt nigs mehr

zum Fressn hat. Leit packts zamm, des macht koan Sinn, mier reitn hoam, nach Minga hin."

So is a Geißbogg zum Redder vo Neuschdadt worn. Und aa heit no, Schlooch zwelfa zur Middagszeid, danzd obn aufm Dach vom aldn Radhaus der Schdadt, a hölzerner Geißbogg rum und meggerd laud und gfreid si gscheid, dass er sei Schdadt im Middlalder durch a Lisd geredded hat.

Was mer als Oba so alles midmachd

„Mei Herzerla, mei guder Moo“, hat mei Fraa ogfangd zu redn. Bei mir ham sämdliche Alarmgloggn gläud. Alle Sirena ham bfiffn.
„Gell bu bisd doch am Samsdoch auf der Nachd daham?“, hads mi am Middwoch gfrachd. Ich hab die Frach ieberhörd, hab nix drauf gsachd. Dann hads a weng rumdruggd, mei Fraa. Ich hab immer no nix gsachd.
„Weil unser Dochder am Samsdooch mid ihrn Moo nach Nemberch in die Ober geh möchd.“
„Da hab ich doch nix dagegen, mei Waggerla. Die kann doch so ofd in die Ober geh, wies will“, hab ich drauf gsachd. Dann hab ich abgward, weil irgndwas kummd da no, hab ich mir dengd.
„Ihr Schwiechereldern sen net do, die foahrn iebers Wochnend zu aner Wellness-Farm. Und ich bin aa net daham, weil ich mid der Andrea, der Angelika und der Maria ausgmachd hab, dass wir am Samsdooch und Sunndooch amol in die Frangn-Derme nach Bad Windsheim foahrn. A weng reläxn. Des is etz bidder, etz gehds halt um den Babysidder. Deswegn hab ich mir dengd, dass du doch auf dei Enkerla, den klan Klaus, aufbassn könnsd?“
Mich hats grissn. Ich woar wie vo die Soggn, was mir die ganzn Weiber da widder eibroggd ham. „Des is fei ganz schlechd“, hab ich argumendierd, „weil am Samsdooch kommd aufn Erschdn a Länderschbiel, des wo ich mir gern oschaua däd. Und außerdem, mid die klan Fregger tu ich mier eh a weng schwer. Wiggln, füddern, des ganze Gschrei, und so …“

„Geh zu, schdell di fei net so an“, hats rumbelfert, „der Klausi is doch a bravs Kind. Du hast fei scho a rechds Gwaaf drauf. Dann nimmsdn halt aufn Schoß und lässdn aa mid Fußball schaua. Is denn des so schlimm?“

Am Samsdoochabnd woars so weid. Der Klausi woar wergli des freindlichsde Kind, des wo mer sich vorschdelln kann. Glachd und vor lauder Freid kwieschd hat er in seim Liecheschduhl, wenn ich ihn ogschaud hab. Auf amol woar er ruhich. Dafier hat er an ganz rodn Kupf grichd. Ausgschaud hat er wie a Piep. Sein klan Mund hat er zambressd und auf seiner Schdirn woarn sugoar klane Faldn gschdandn. Und wie er da, rod wie a Domadn, in seiner Lieche glegn is, hab ichs in seine Windln aa scho gwaggern ghörd. Net lang hats dauerd, dann hab ichs aa scho grochn. Gschdung hats, wie in aner Odlgrubn. Mir is ganz haß worn. Ich man, ich kann den arma Kerl doch net in seiner Kagge da so liegn lassn. Außerdem hat er des Blägn ogfang, als ob er am Schbieß hänga tät.

Dann hab ich ihn halt hochgnumma und auf aner Wiggldeggn auszogn. Des woar a Graus. Vo seim Rüggn, bis zu die Knie hat si die braune Soß hiezogn. A halbe Schdund hab ich brauchd, bis er widder in Ordnung woar. In der Badwanna hab ich ihn underduchld, um ihn widder sauber zu kriegn. Weider gschria hat er, weil ihm des net gfalln hat. Dann hab i ihn mit an Handduch abgrubbld. Des hat nern aa net gfalln. Als er dann widder a droggne Kleidung anghabd hat, hat er no immer net aufghörd, mit seim Gebläg.

„Was hasdn etz no?“, hab ich mir dengd. Dann is mer eigfalln: Hunger. Schnell bin ich in der Küchn verschwundn und hab ihm sei Gläsla Schbinad warm gmacht. Der Inhald hat ausgschaud wie Gänsscheiße. „Etz gibds gleich was Guds“, hab ich den Klausi anglogn, der immer no wie am Schbieß blägd hat. Dann sen wir alle zwaa in der Küchn verschwundn und ich hab ihn

in sein Hochschduhl neighoggd. „So, etz mach dei Schnäbala schee auf, etz gibds was ganz Feines“, hab ich ihn gloggd. Der Klausi hat mer was gschissn. Er hat zwar zum Schreia aufghörd, dafür hat er des Brabbln ogfangd. „Beim Essn red mer net“, hab ich ihn ermahnt, etz gibds doch des Abndessn. Kumm mach dei klans Göschla auf.“ Als ich mit dem klan Löffl voller Schbinad auf dem Klausi sein klan Mund zuschdeuer, haud der mir mit aner Körberdrehung den Löffl aus der Händ und scho hat die weiße Wänd an grüna Farbschbridzer ghabd, als ob si der Joseph Beuys bersönlich darauf verewichd hädde.
Dann hab i dadsächli den Schbinad selber brobiert. Der hat gschmeggd, wie Orsch mid Ohrn. Nach Nigs. „Ich verschdeh di, mei Bu“, hab ich Einsichd gezeichd, und hab die grüne Gänsscheiße mid a weg an Bambercher Zwicklbier gschdreggd. Des hat den Klausi vielleicht gschmeggd. Radzfadz woar des Gemüseglälsla leer. Ich schau auf die Uhr und schald den Fernseher ei. Grad zur rechdn Zeid. Scho laufn die Deidschn und die Engländer ei. Der Klausi in seiner Liegn schaud aa aufmergsam zu. Der Müller vom FC Bayern schreided zum Anschdoß, da fängd der Klausi scho widder des Schreia an.
„Was isn etz scho widder?“, hab ich ihn gfrachd, dann is mer eigfalln: Des Bäuerla! Also nehm ich ihn vo seiner Liege raus und sedz ihn auf meine Knie. Des Bäuerla lässd auf sich wardn. Da dud si nigs. Also helf ich halt a weng nach. Hoppe, hoppe Reider gfällt alle klan Kinner. Der Klausi juchzd, schäkerd und lachd. *„Wenn er fälld, dann schreid er …“* Mei Enkerla zabbld vor Vergnügn und genießd des Geschaugl in volln Zügn. *„… Fälld er in den Grabn, fressn ihn die Rabn.“* Immer toller hab is driebn. Kinner wolln Schbäßli ham. Auf amol woar der Schbaß vorbei. Auf amol hat der Klausi des Lachn aufghörd und hat mi ganz ernsd ogschaud. Dann hat er sei Göschla verzogn und widder des Schreia ogfangd.

„Toooor, Toooor, Özil bringt Deutschland auf Vorlage von Müller mit 1:0 in Führung“, hat der Mensch im Fernseher begeisderd gschria. Gsehgn hab ich nigs, weil ich mid dem Klausi gschbrochn hab. Der hat mi ganz komisch ogschaud, als es in seim Bäuchla verdächdich gluggerd hat. Blödzlich reissd er sein klan Mund auf und kodzd mir an grüna Schdrahl auf mei blüdnweißes Hemmerd. Doch der Klausi schaud no viel schlimmer aus. Den hats vo obn bis undn droffn. Gschdungn ham wir wie zwaa alde Rodweinbrieder. Was beim Fußballn bassierd is, hat kaner vo uns mehr midgrichd.
„Klausi, du dusd mer so Leid“, hab i zum ihm gsachd, „bloss weil dei Oba ka Geduld mid dir ned hat, schausd scho widder so eigsäud aus. Waßd was? Etz mach mer den Fernseher aus und nehma alle zwaa a scheens Schaumbad, weil wir schdingn ja alle zwaa schlimmer als die Bedzn.“ Als mer alle zwaa in der Wanna drin ghoggd woarn, hat der Klausi widder vor lauder Freid gjuchzd. Des Wasser aus seiner Gießkanna hat er dem Oba iebern Kubf gschüdd und in den Schaum hat er neighaud, dass bloss so gschbrizd hat. „Mach ner so weider, mei Bu“, hab i ihn angschbornd, „des machd die Oma alles widder sauber, wenns widder daham is, weil die is dann widder reläxd.“

Frängische Dorfkerwa

Vo der Erlanger Berchkerwa hab i ja scho derzähld. Abber bei uns in Frangn gibds in jedem Dorf a Kerwa. Net so groß, wie der Berch, abber dafier umso zünfdicher. Die dauerd aa meisdns bloss a poar Toch – vo Freitoch bis Montoch meisdns. Auf jeder Dorfkerwa werd a schee geschmüggder Kerwasbamm aufgschdelld, so um die dreißich Meder hoch und die Kerwasburschn ziehgn durchs Dorf, singa ihre Kerwasliedli und schbieln Kiechli raus.

Zum Essn und Tringn gibds aa gnuuch: die frängischn Bradwerschd, Schäuferli – der Ferrari under den deidschn Schweinebradn – Schaschligg suwiesu und frängischs Bier, meisd aus der ordsansässichn Brivadbrauerei.

Und dann ham mier no unsere Kerwasbräuche, den „Geger Rausschlogn" und den „Betz Rausdansn". Ihr waßd net was des is? Also, der Geger – mer sachd aa Gieger, Göger, odder Gegerla dazu – is a Hahn. Der Brauch is scho sehr ald. Ich glaab des Geger Rausschlogn gibds scho seid dem Middlalder, und des gehd a so: Also in dem Brauch heidzutoch is der Geger nadürli ka echder Hahn mehr, sondern a Blechbüchsn, a große, leere Heringsbüchsn zum Beischbiel. Die muss mer mid an langa Schdeggn dreffn. Des is abber goar ned so einfach, weil vorher, bevor mer zuschlächd, wern an die Augn verbundn, weil du die Büchsn goar net sehgn sollsd, wennsd zuschlägsd. Des is ja der Widz dabei. Also aner vo die Kerwasburschn verbind dir mid an Duch die Augn. Dann, damid du die Oriendierung verliersd, drehd er di a poar mal um dei eigna Körberagsn und drüggd dir an langa Schdeggn – so rund drei Meder lang – in die Händ. Du wasd also im Momend ned, wo die Büchsn schdehd, sehgn kannsd ja nix. Dann wirsd du vo dem Kerwasbursch komman-

dierd: „Geh a Schdüggerla vor. Net so weid. Etz drehsd di nach lings. Doch no a Schdüggerla vor. No a weng. A weng rechds. Etz hebsd dein Schdeggn. Hau zu.“ Und wenn du dann dein Schdeggn ghobn und zugschlagn hast und der auf des Bflaster knallt, dann hast den Geger net droffn. Des Geger Rausschlogn is goar net so einfach, abber es machd Schbaß.
A anderer Brauch, der aa rechd beliebd is, is des „Betzn Rausdanzn“. Der Betz simbolisierd an Hamml, odder a Schaaf. Den Betz danzn die Kerwasburschn und ihre Kerwasmadli raus. Dazu ham si beide rechd fesdlich ozugn. Die Burschn in schwarze Husn, weiße Hemmerder und do drieber an Scherzer mit bunde Farbn. Ummern Hals tragns a rods Kerwastüchla. Aa dia Madli ham si schee gmachd. Die Kerwasburschn holn ihre Madli mid der Blaskabelln vo an vorher vereinbardn Dreffbungd ab und führn sie, musiggalisch begleided, zum Kerwasbamm. Dord schdelln sie sich im Greis um den Bamm auf. A Päärla grichd die sogenannde Maienrude in die Händ drüggd. Des is a bund geschmüggder Birgnschdrauch. Dann gibd aner des Kommando und alle Kerwasburschn und ihre Madli sedzn sich in Bewegung und laafn um den Kerwasbamm rum. Die Blasmussig schbield und die Kerwasburschn singa ihre Kerwasliedli. Jedsmol, wenns amol um den Bamm rumgloffn sen, werd die Maienrude an des nägsdfolgende Kerwaspäärla weidergebn. Während die Burschn und Madli um den Kerwasbamm rumlaafn, tiggd an dem Schdamm vo dem Bamm a Wegger, der mid an Duch zudeggd is und auf dem a gewisse Uhrzeid eigschdelld is, die kaner vo die Kerwasburschn kennd. Die laafn mid ihre Madli so lang um den Bamm rum, bis der Wegger des Schelln ofängd. Wer dann den Birggnschdrauch in die Händ had, is der Siecher. Mer könnd aa sogn der Verlierer, weil der Kerwasbursch, mid der Maienrude in der Händ, muss alle andern ins Kerwaszeld einlodn und die Zech zahln. Gans Frie-

hers, als nix zum Fressn gebn hat, hat der Siecher den Betz mid nach Haus nehma und schlachdn derfn.
Am Montoch is normalerweis der ledzde Kerwastoch. Do werd „naus“ gfeierd. Die Kerwasbänd im Zeld macht a Fedsnschdimmung, es werd gschungld und auf die Disch danzd. Wenn alles rum is, müssn die Leit zwölf lange Monad wardn, bis des nägsde Joahr widder a Bamm und a Kerwaszeld aufgschdelld werd.

Fromme Leit

Gschdriddn hams damals, der Mardin Ludder und der Babsd, ieber die Lehre der kadolischn Kergn. Dann had der Mardin seine 95 Dhesn an die Kergndür in Widdnberch hiegnagld, was des Konfessionelle Zeidalder ausglösd had. Grad in Frangn hats aa enorme Auswirkunga ghabd: Reformadion, Gegnreformadion, Renesas, Humanismus, Bauerngriech und den Dreißichjährign Griech, der der Hälfd der Bevölkerung des damalign Frängischn Reichsgreises des Leben kosd hat. Frängische Schdädte wie Nemberch, Bamberch, Ansbach, Koburch, Rodhenburch, Würzburch, Eichschdädd und Dinglsbühl schdandn im Middlbungd. Endlich, im Joahr 1648 had mer mid dem Wesdfälischn Friednsverdrach dem Gemedzl a Ende gmachd und die Kadholiggn und die Brodesdand sen widder friedli midanander umganga.
Wenn mer si heid umschaud und frachd, obs was brachd hat, ob die Frangn besser worn sen, goddesfürchdicher, ehrlicher und aufrichdicher, dann könnd mer allerdings scho Zweifl griegn. Zwoar sachd mer, dass die Leit fromm sen, viele am Sunntoch in die Kergn genga und den Herrn im Himml breisn, abber wennsd genau hinder die Fassadn schausd …

Die Meiers Kunni und ihr Frieder zum Beischbiel, die genga jedn Sunntoch in die Kergn. Dord knieas nieder, kaua no auf ihrer Obladn rum und maana, dass der Herrgodd ihna alle Sündn vergebn had. Zwa Bänk vor ihna knied der Toni, mid seiner Fraa, der Gumbmanns Liesl. Die Liesl hat a schlechds Gwissn. Da sollt sie eigentli scho beichdn geh. „Abber", dengd si si, „des gehd den Bfarrer ieberhabds nix o." Ihr Sohn, der Bernd, hoggd gans weid vorn, glei beim Dekan. Der Bernd is Minisdrand. A Kernz häld er in der Händ und schaud aus, wie a Engela. Dabei is er a richdicher beser Gnobbern, tut liegna, klaua und Schul schwänzn.
Vorn, glei in der erschdn Bankreiha, hoggd der Kergnvorschdand Frank. Sei Fraa, die Anna und ihre drei Kinner sen aa mid dabei. Der Bfarrer schimbfd grod, wie schlechd es auf dera Weld zugehd, dass gmorded werd und gesündichd. Dann schbrichd er von all den Griegen, Bedrug, Sex, Gewald, all den Lügn, und dass si alles bloss ums Geld drehd. Am End vo seiner Bredichd sichd er si no genödichd seine Schäfli darauf hiezuweisn, sich vo ihren Sindn loszusagn. Dann forderd er alle auf, darunder aa die Gumbmanns, die Frankens und die Meiers mid voller Innbrunsd zu betn, wenns in des Baradies kumma wolln.
Etz muss mer wissen, dass dem Meiers Frieder sei Kunni scho längsd aufn Sagg gehd. Die will nix mehr vo ihm und werd immer fedder, had schdändich Migräne und den Glimawechsl hats aa sadd. Drum hat der Frieder scho seid längerer Zeid a Auch auf die Gumbmanns Liesl gworfn. Heiligs Blechla, des is vielleichd a Maus! Gud schauds aus, hat schdramme Baa und an mordsdrum Busn. Ihr Alder machd ihr aa kann Schbaß mehr, hat er ghörd. „Kreizdunnerwedder, da muss doch was geh." So hat der Frieder dengd. Da muss er amol schaua, wie bei ihr die Schdimmung is.

Die Meiers Kunni is ganz schee durchdriebn. Derweil die goar ka Migräne net hat. Dafier hats ihrn Frieder sadd. Den ganzn Toch hoggd der vorm Fernseher und glodzd bloss in die Röhrn nei. Kodzn könnds, weil vo dera Weld wollerds scho no a weng was sehgn, net bloss die ganz Zeid daham rumhoggn. A Zufall woars, dass den Kergnvoschdand Frank droffn hat. Der ärwerd bei Siemens und is schon in der ganzn Weld rumkumma. Der kennd si ieberall aus und hat der Kunni viel derzähld, wies auf dera Weld zugehd. Am liebsd hätt sie ihn umarmd und wolld immer no mehr wissen. Obs scho amol was vom Kamasutra ghört had, hat er sie dann gfracht und ob sie die ganzn Schdellunga scho kennd und ausbrobierd hat. Die Kunni woar ganz hieg-rissn. Ob mer des net amol ausbrobiern könnd, wollds wissen, „weil die Schdellunga tätn mi scho indressiern."

„No fraali", hat der Kergnvorschdand gsachd und woar scho ganz haaß, "des mach mer, des brobier mer aus."

Dass der Meiers Frieder a Auch auf sie gworfn hat, hat die Gumbmanns Liesl scho längsd gmergd. Drum hatsn aa immer so oglachd, wenn er in der Kergn zu ihr rieber gschaud hat. Mid der Zunga hatsn zugschnalzd und si dabei was Unzüchdigs dengd. Deswegn wollds aa net zum Beichdn geh.

Ihr Moo, der Gumbmanns Toni hat des net gmergd, der alde Doldi, weil der si nämli grad geisdich mid dem Kergnvorschdand seiner Fraa, der Anna beschäfdichd hat. In der Kergnbänk vor ihm woars niederknied. Wie hat der Toni auf ihrn Orsch gsch-darrd, weil der die enga Husn, die wo sie anghabd hat, so ber-feggd ausgfülld hat. Sugoar ihr Danga hat si durchn Husnschdoff durchdrüggd, und dem Toni is ganz annersch worn. Bis iebern Hosnbund hat die Anna ihrn Danga hochzogn ghabd. Und wie si sich so hieknied, hat mer lings und rechds den Ansadz ihrer weißn Orschbaggn rechd schee sehgn könna. Alle Leit in der

Reiha hinder ihr ham bloss mid die Köbf gschüddld, abber dem Toni hats gfalln. Am liebsdn hätt er ieber die Bänk nieber glangd und amol gedesded, wie sich der Anna ihr Orsch ofühld. Abber des hat er si dann doch net draud. „Des wär scho amol was“, hat er si dengd und auf seiner Obladn rumkaud.

In schbäder Osdernachd woars, als alle widder niederknied woarn, um den Leidn Chrisdi zu gedengn. Der Toni, der Frieder und der Kergnvorschdand, wie auch ihre Weiber. Jeder had a Osderei in der Händ ghalden, weil der Bfarrer des schbäder no segna wolld. Lieder hams all gsunga und obn am Kreiz woar der Jesus ghängd und hat ieber die Gläubign gewachd. Der Gumbmanns Bernd woar widder Minisdrand und hat vorn beim Bfarrer ghoggd. Schlechd woarsn. Die ganze Weld hat si um ihn drehd. Weil, als der Bfarrer vor aner Weil zu ihm gsachd hat, dass er nunder in Keller geh, und a Flaschn Messwein hulln soll, hat der Bernd gleich a Flaschn glaud und midgeh lassn. Schbäder, vorm Goddesdiensd, woar er am Abord ghoggd und hat die glaude Flaschn leer gsuffn. Etz woarsn schlechd, dem Hundsgrübbl.

Grod als der Bfarrer ofanga will, die Eier der Gläubign zu segna, fängd der Bernd zum Schbeia o und kodsd Wein und sei Abendessn an die Kergnwänd. Der Gemeindekoor, der drobn bei der Orgl gschdandn is, hat des goar net midgrichd, und hat weider sei Lied „Frohloggd dem Herrn“ gsunga. Weder der Bernd, noch der Bfarrer ham no frohloggd. Der Geisdliche hat des Segna vo die Eier sei lassn und hat endsedzd auf sei Kergnwand gschaud, an der a gelb-rode Brieh rundergloffn is, und die Meiers, Gumbmanns und Frankens ham ihre geisdiche Sexorgie underananderder abrubd underbrochn, wies mitgrichd ham, dass der Bernd wie a Reiher loskodzd hat.

Frängische Nachbern – Ungraud

„Sie Herr Nachber, duns a weng in Ihrm Gardn rumwurschdln?“, hat der Holzmanns Bertl iebern Gardnzaun nieber gschria und hat si widder in sein Liecheschduhl neiglechd. Mid aller Gwald woar der Friehling am Wochnend ieber ganz Middlfrangn reibrochn. Scho in aller Herrgoddsfrieh hat die Sunna vo an wolgnlosn Himml runderglachd.

Der Baumüllers Hanni woar am Ungraud haggn und hat aufgschaud. „Scheissklee“, hat er im Aufschdeh gschimbft. Zerschd hat er goar kan gsehgn, wer do was gsachd haben könnd. Dann hat er den Holzmanns Bertl entdeggd, der in seim Gardn bridscherbraad auf aner Lieche rumkugld is.

„Im Gegnsadz zu Ihna scho“, hat er iebern Zaun nieber belferd, dass der Bertl aufgschaud hat.

„Wie maana Sie etz des?“, hat der Bertl nachgfrachd und hat a weng bleed gschaud.

„So wie ich des gsachd hab. Sie ham die Ärwerd wohl ned erfundn. Schauas doch in Ihrn Gardn nei. Was soch ich do? Des kann mer ja scho goar nemmer als Gardn bezeichna. Des is ja der reinsde Ungraudagger. Schauas doch bloss, wie der Löwnzahn scho bliehd. Werd nemmer lang dauern, und der ganze Dregg fliechd widder rieber zu mir.“

„Ungraud“, hat si der Holzmanns Bertl aufgrechd „Dass i fei net lach. Des is ka Ungraud net. Des is Nahrung fir die Biena und die Hummln. Jedenfalls is mei Gardn net so kahl, wie Ihrer. Ich hab no Achhernli und Igl. Sie net.“

„Ja, und Maulwürf", hat der Baumüller gschimbfd. „Mei lieber Mann, do wenn aner zu mir rieberkummd, na dann kennas abber was derlebn. Des soch ich Ihna. Ihre Bammer schdehn aa zu nah an der Grundschdüggsgrenz. Die ganzn Äsd schau zu mir rieber. Hams nunni gmergd, dass im Herbsd des ganze Laub zu mir rieber fälld? Gmergd scho, gell, abber des machd Ihna ja nix aus. Do sen Sie pelzich. Sie flaggn ja den ganzn Summer bloss auf Ihrm Liecheschduhl rum. A weng a Ärwerd tät Ihna gwieß net schadn. "

„Was kann i denn dann erlebn?", hat ihn der Bertl brovozierd.

„Dann kumm i nieber zu Ihna, mid meiner Keddnsäch. Was maana Sie, wie schnell Ihr Gschdrübb da umgsächd is. Und mid a poar Lidder Ungraudgifd, da werns bald nigs mehr vo Ihrm Sauerklee sehgn. Dann schauas nei, in a Mondlandschafd."

„Des, wenn Sie sich erlaubn, dann zeich ich Sie abber o", hat der Bertl gedrohd.

„Des wermer dann scho sehgn, wer wen zuerschd ozeichd. Ihrn Grill tuns aa do weg, gell. Sunsd kummd demnägsd die Bolizei als Erschdes bei Ihna vorbei, weil des die reinsde Geruchsbeläsdichung is, wenn der ganze Rauch in unser Schlafzimmer neiziehchd."

„Dann machsn halt Ihr bleeds Fensder zu. Was kann denn ich dafier, wenn des den ganzn Toch offnschdehd?"

Weihnachdn

Es is scho a rechds Geschiss, des Weihnachdsfesd, gell? Jeds Joahr desselbe Deader! Ich man edz net des Kirchliche, sondern des Gwerch mit die Geschenge. A jeder hat ja scho alles, was soll mer da no schengn? Nadürli sacht mer vorher: „Abber heier scheng mer uns fei nix, gell“, und schwörd jedn heilichn Eid. Ich maan Meineid, weil a weng was had mer ja drodzdem immer barad. Und semmer doch ehrlich, es werd ja a irgndwie erwarded. Die reinsde Scheinheilichkeid. Da leidn am Heilichnabnd die Gloggn – zumindesd im Radio – draußn fälld, wenn mer Gligg had, a weng a Schnee und im Ufn brudzld die Gans, odder a frängischer Schbieglkarbfn. Am Weihnachsbamm brenna die elegdrischn Kerzn, in der Kergn woar mer scho im Kindergoddesdiensd, weil die eigendliche Grisdmess dauerd ja zwaa Schdundn – viel zu lang, in dera kaldn Kergn. So is mer wenigsdn rechdzeidich dahamm, a wenns ka Bescherung gibd. Ka Bescherung? Der Vadder schwänzld scho seid aner halbn Schdund verdächdich im Wohnzimmer umananander und waß net so rechd was er machn soll. Aa sei Fraa is heid net so wie immer. Schdändich schauds auf die Küchnuhr, grad so, als wenns no an Besuch erwardn tät. Die Oma hads am allernodwendigsdn. Dauernd schauds in Baggufn nei, dabei brauchd die Gans no a dreivierdl Schdund bis ferdich is. Der Oba, der alde Sagg, der si normalerweis um die Enkerli kümmerd, und mid ihna LEGO-Hochheiser baud, had heit aa ka so rechde Lusd dazu und liesd sei Zeidung scho des dridde Mal. Irgndwas scheind heid andersch zu sei als sunsd, irgndwas lichd in der Lufd. Als der Vadder den Grisdbamm scho des fimbfde Mal umdiecherd, und die große, rode Grisdbammkugl des zehnde Mal umghängd ghabd hat, hat ers nemmer ausghaldn, is in sei

Arbeidszimmer verschwundn und mit an großn Bäggla underm Arm widder erschiena. Dann hat er sei Fraa in Arm gnumma. „Mier ham zwar gsachd, dass mer uns heier nigs schengn“, hat er zu ihr gsachd, „abber gegn a Glanichkeid wersd nigs ham, hab i mier dengd.“

Sei Fraa hat si – wie jeds Joahr – aufgfürd wie a klans Audo, des zum DÜV muss. Dabei hats bloss auf den Momend gward. Des ganze Joahr ieber hatsn derzähld, dass ihr a klans Fugsbelzjäggla gud schdeh tät. Scho nimmds des Bäggla erwardungsvoll in die Händ und reissd des schöne Weihnachdsbabier und die rode Schleifn ausananander. Kaum hats des gmachd ghabd, da sichds des Bild vo dem Doasder scho. *„Bauknecht weiß, was Frauen wünschen“,* schdehd auf dem Babbkardon. Mei is ihr Moo a Debb.

Der Debb schdehd am Essnsdisch und häld a Schachdl, die sei Fraa aus aner Schubladn zauberd, und ihm in die Händ drüggd hat. Seid Monadn hat er ieber a neis Händy gred. Er schüddld die Schachdl. Da drin gluggerds. Er rüddld noch amol. Es gluggerd immer no. Dann fälldsn siedndhaß ei: A Afderschäif vo Schilledd. Er had doch vom letzdn Joahr no a ganze Flaschn im Badezimmer schdeh. Außerdem moch er der Zeich doch sowieso net.

Die Oma hat des ganze Joahr ieber gschdriggd. Net ieberdriebn: Fimbf Bfund Wolln hats verschdriggd und nigs is übrichbliebn. Die Schwiecherdochder krichd an Bullofer, der wie a Bodaggn-Säggla ausschaud. Die Enkerli sen no klane Bimbf. Zwölf Poar Soggn hats für die gschdriggd. Fier ihrn Sohn hats an ganz an langa bundn Schal gmachd. Er hat ja erschd segs in seim Schrang liegn. A den Oba, ihrn Moo, hats net vergessn. An weißn wollna Fragg hältsn hie. Da soll er gleich amol neischlubfn. Als die Enkerli den Oba oschaua fangers des Greina an, weil der Oba etz wie a Eisbär ausschaud. Die Beschengdn schaua a weng bled aus der Wäsch, weil die Oma schdriggd jeds Joahr die gleichn Sachn. Abber etz hams wenigsdens widder was fier die Gleiderschbende.

Als Ledzder hold der Opa sei Gscheng fier die Oma aus seiner Anzugsdaschn. Es is a Flaschn Glosderfrau Melissngeisd. Da hat die Oma zwoar no a ganse Badderie in ihrm Kleiderschrang, abber des macht nigs. Glosderfrau Melissngeisd kann mer immer und zu Allem brauchn. Wenn der Bauch amol rumord und zwiggd, wenn die Bandscheibn schmerzd, odder zum Eireibn, wenn mer mal o offns Baa hat. Es schdimmd scho, was die Werbung sachd. „*Wenn du nicht mehr weiterweißt, nimm Klosterfrau Melissengeist.*“

A weng schbäder tut die Oma die Gans aufschneidn, der Vadder seihd die Gleeß ab. Die Mudder is aa auf Drab und schderzd des Blaugraud in a Schüssl nei. Der Rodwein is scho endkorgd und der Vadder schdellt vier Gläser aufn Disch, während der Oba fier die Enkerli a riesichs LEGO-Haus baud hat und zufriedn schdrahld. Dann endli hoggd si die Familie an den Essnsdisch und singd „Schdille Nachd“. Der Grisdbamm erschdrahld in vollem Glans und draußn fälld dadsächlich der erschde Schnee. Wie bsuffn daumeln die Floggn aus dem verhangenem Nachdhimml und legn sich sanfd auf die frängische Landschafd. So a friedvolles Weihnachdsfesd is scho was Scheens.

Wie der Karbfn sein Buggl gricht hat

In Middlfrangn endschbringd a weng wesdlich vo Bad Windsheim, der schena aldn Kurschdadt, a klaaner Fluss. Des is die Aisch. Ungefähr 85 Kilomeder is er lang und fließd bei Trailsdorf – des is scho in Oberfrangn – in die Regnitz. Ungefähr auf der halbn Schdregg flussabwärds, kurz nach Neischdadt an der Aisch, beginnd des „Karbfnland Aischgrund“, wo scho seid dem Middlalder der „Aischgründer Schbieglkarbfn“ züchd werd.
Mehr als 7000 Karbfnweiher liegn da lings und rechds der Aisch. Rund 1200 Deichwirde züchdn hier heitzutoch ihre Fisch und beliefern zirga 500 Karbfnküchn, welche die Fisch als regionale Schbezialidäd auf ihre Disch bringa. In allen Monaden, die a „r“ in ihrm Noma ham, also vo Sebdember bis Abril, is Karbfnzeid. Ab dem Middllauf der Aisch sen die Bödn fier die Landwirdschafd net so gud geeigned, weil sie rechd tonhaldich und wasserundurchlässich sen. Deswegn had scho Karl der Große sei Amdsmänner angwiesen, in dera Gegnd Karbfndeiche anzulegn. Etz muss mer Erschdns wissen, dass der Karbfn aus Asien kummd und vo seiner Form her eher a länglicher Fisch is. Zweidens ham friehers die Mönch während der Fasdnzeid haubdsächlich Karbfn gessn. Abber weil der Fisch halt so lang woar, is er meisdns lings und rechds iebern Dellerrand drieber ghängd, und des had ned grood nach an Fasdnmahl ausgschaud. Dem Bischof in Bamberch had mer deswegn vorgworfn, dass er goar ned fasded, sondern sich mid riesige Karbfn sei Wampn no mehr fullhaud.
Und daraus is die folgende Sage endschdandn: Der Bischof woar a klaaner Moo und had rechd wamberd ausgschaud. A Gnagg

hat der ghabd wie a Schdier, wie der Franz Josef Schdrauß zu seiner besdn Zeid. Kuglrund woar er und had weid ieber hunnerd Kilo gwogn. Die Fasdnzeid woar sei Schwachbungd. „Wenn bloss des Fasdn net wär", hat er so ofd gjammerd, „dann wär mei Leben halb so schwer." Des hat er immer gsachd, wenn mer ihm sei Essn brachd hat. Dabei woar der Karbfn scho a Mordsdrum, weil der ja iebern Dellerrand ghängd is. Nach Fasdn hat des werkli net grod ausgschaud und die Leit ham ihm vorgworfn, dass er net mid gutn Beischbiel vorangehd. Im Gegndeil, er lebd in Saus und Braus.

Des had den Bischof gscheid gärcherd. Wie soll mer denn mid an halb leern Moogn bedn und zu seim Heiland schbrechn könna? Dann had er si ieberlechd, dass mer die Karbfn a weng andersch züchtn könnerd. Net su lang. Einfach a weng kürzer halt, dass der Fisch ebn net iebern Deller hängd. A fasd runder Fisch wär ideal, mid an Buggl vielleichd. Weil wenicher bräucherd der Karbfn ja net zu wiegn, sunst wersd ja net amol richdich sadd. Was vorn und hindn fehld, kummd obn einfach drauf. So hat der Bischof sein Fischzuchdmasder zu sich grufn und hat ihm den Auftrach gebn die Fisch kürzer zu züchdn, dass die nimmer ieber des Gschirr drieber hänga, abber trodzdem ihr Gwichd behaldn. An Buggl sollns dafier ham und auf dem Deller an gudn Eindrugg hinderlassn.

„Etz schbinnd er", hat si der Fischzuchdmasder dengd und hat si an die Ärwerd gmachd. Er hat scho a weng tüfdln müssn, bis ers grichd ghabd hat. An Schbieglkarbfn hat er schließli züchd, mid an hohen Buggl, und kürzer woar der aa no. Trodzdem hat der Fisch net ausgschaud, als wenn er wenicher worn wär. Der Bischof woar hoch erfreud. Und weil si a gebaggener Karbfn welld, wenn er in des haaße Budderschmalz nei kummd, is der aa nemmer iebern Dellerrand ghängd. Seid dera Zeid gibds bei uns im Aischgrund den Aischgründer Schbieglkarbfn mid an mordsdrum Buggl.

Dialegd

Im Dialegd is Büchla gschriebn,
ich hoff, ich hab net ieberdriebn,
dass ihr des alles aa verschdehd,
worums in dene Gschichdn gehd.
Die Sprach is eifach und groodaus,
des machd hald aa den Frangn aus,
wie uns der Schnabl gwachsn is,
da machn wir kan Kombromiss.
Und habd ihr immer nunni gnuuch,
was gschriebn stehd in diesem Buch,
dann will ich edzerd net so sei,
ich lad eich zu an Schbrachkurs ei.
Mier sogn: Schlebbern, Gwerch, Achgoddlanaa,
Wiechergaul und Buddlasbaa,
Rachsau, Gwerch und Waggerla,
Fregger, Gschmarri, Fleischkiechla,
Brunzkardler, Glubb, Keeslabla,
Schbinadwachdl und Grischberla.
Graudschdambfer sen digge Baa,
a Heigeign a Depperla.
Tuts di friern, sagsd „Huscherla“,

is net edz, is nacherdla.

A Schdobfer is a Kartoffelbrei,

a Gaggerla a Hühnerei.

Goschn, Graffl, Grischberla,

Schdaddwurschd und a Scheiferla,

Derfangerledz und Geegerla,

Baggers, Bressagg, Ziewerla,

Bagschdakees, Graudwiggerla,

Maulaff und Greinmeicherla,

Hundsgrübbl, Fregger, Brunzverreg, Begriffe hierzulande,

versdchdehd ka Mensch den Dialegd, verschdehd ihn nur der Frange.

So, ich sach Servus, machd es gud und kummt amol nach Frangn,

wenn ihr amol hiegfoahrn seid, werd ihr mir des no dankn.

Und wenn des net der Fall is gwesn, dann brichd die Weld net zam,

dann tuts mer leid, dann woars halt nigs, dann will ich nigs gsachd ham.

Bayern und Frangn

Etz, gans am Schluss vo dem Büchla, hald ich des nimmer aus. Etz kann ich mei Maul einfach nemmer haldn. Etz muss es endlich amol gsachd sei. Etz muss es einfach raus:
Frangn sen fei kane Bayern net. Die Frangn und die Bayern ham si völlich unabhängich vonanander endwiggld. Und des woar a so: Als der Kaiser Augustus no glebt hat, is die Gegnd südlich vo der Donau (also man kann sagn des heitiche Aldbayern) Deil vo dem romischn Reich worn. Nachdem die Herrschafd der Römer zambrochn is, ham vor allem endlang der Donau a poar verschbrengde Grenzsoldadn glebd. Die ham si mit den aldn Keldn und a poar eigfallne Germanen vermischd und den erschdn Schdamm der Bajuwaren gebildet. Sehr zum Wohl dieser brimidivn Bajuwaren sen dann vo Nordn her unsere frängischn Vorfahrn eigfalln. Das zwischnzeidlich gebildete Schdammesherzogdum der Bajuwaren is da drauf ersch amol frängischer Herrschafdsbereich worn und die Frangn ham den ungehoblden Baiern ersch amol Zuchd und Ordnung beibrachd, als der karolingische Frangnkönich Karl der Große dem Bayernherzog Tassilo ordndlich ane auf die Goschn gebn hat. Späder ham die frängischn Karolinger allerdings a weng des Schwächln ogfangd und die Bayern sen drauf glei widder frecher worn. Mer soll die Zügl halt ned schleifn lassn, sachd mer. Jedenfalls, es ging a weng drunder und drieber im bayrischn Herzogtum, bis dann die Widdlsbacher die Leidung iebernumma ham.
Die Frangn, die scho immer fier ihr außerordenlichs Organisadionsdalend, ihre schnelle Auffassungsgabe und ihrn Drang nach Freiheid (drum haßns ja aa Frangn) bekannd woarn ham dann doch an großn Fehler beganga. A jeder Schdamm hat si so sehr fier seine Freiheid eigsedzd und darum gekämbfd, dass

aus ihna halt insgesamd ka geeinde Großmachd net worn is. Des lag halt damals scho an ihrer Bescheidnheid und Zurügghaldung. Des „Mia-san-Mia-Gefühl“, hams halt damals schon net gmöchd. Dann endli, am zweidn Juli 1500 is der Frängische Reichsgreis ausgrufn worn, die Geburd Frangns. Aber sie hams halt trodsdem nie zu an einheidlichn bolidischn Gebilde geschaffd. Zudem hat ihna der Bauerngriech, der Markgrafngriech und der Dreißichjähriche Griech gans schee zugsedzd. Als dann der Ludder aa no die Reformadion ausglösd hat und des dazu gführd hat, dass kadholische und prodesdandische Derridorien endschdandn sen, woars endgüldich vorbei mit dem einich Frangn.

Dass aber Frangn heud zu Bayern ghörd, des lichd eindeudich an die Franzosn, weil die blödzli mit ihrer Revoludion ogfangd ham. Ich man die häddn damals revoludioniern kenna, wies gwolld ham, aber müssn die aa no an Griech ofanga und den ieber ihre Grenzn hinaus ausbreidn? Halb Euroba hams mit nei zogn. Vor allem der Naboleon, der aufgschdellde Mausdregg. Die Bayern, die falschn Fufzger ham sie auf die Seidn vo dem Naboleon gschlagn. Under seim Einfluss is Frangn dem Kurfürsdn vo Bayern zugschlagn worn. A poar Joahr schbäder, als mer den aufgschdelldn Mausdregg doch no endmachded, und ins Exil gschiggd hat, ham aa die falschn Fufzger mal widder ihre Meinung gänderd und woarn blödzli gegn den Naboleon. Als mer dann auf dem Wiener Kongress zammkumma is, um Eurobas Grenzn nei fesdzulegn, is mer dabei bliebn und hat Frangn endgüldi dem neia Könichreich Bayern zugschacherd. Des woar a Riesnsauerei.

Seiddem müssn mier Frangn so viel Schdeiern nach Münchn ieberweisn. Des is aner der Haubdgründe, warum Münchn ieberhabd zu aner Weldschadt had wern könna. An großn Deil unserer frängischn Kunsdschädze hams gschdohln und in

Münchn ausgschelld. Dass den Bayern so gud gehd, hams nur den Frangn zu verdangn, bloss eisehgn wolln sis bis heid net, diese „Mia-san-mia-Gsellschafd“. Sie mana, sie sen immer no die Größdn. Dabei hams no net amol die Gleeß erfundn, die aus rohe Bodaggn gmach wern. Sollns doch ihr Semmlknödl, des Gebabb aus Mehl, Weckli und Eier selber fressn. Auf des Schafkubfn sen aa mir Frangn kumma. Und sugoar des frängische Reinheidsgebot fiers Bier is älder als des bayrische. Gegn a würziche, frängische Bradwurschd lass i jede Weißwurschd lings liegn und des Schäuferla is sowieso der Ferrari under den Schweinsbradn, ganz zum Schweign vom Bier. Wer häld denn den Weldrekord vo der größdn Brauereidichde weldweit? Oberfrangn!

So, etz is endli mal gsachd worn. Etz sen mer so weid, dass mer die Gschichde umschreibn könndn. Wir Frangn ärwern scho dran. An erschdn Deilsiech ham mer scho errunga: Jednfalls werd Bayern heidzudooch vo an Middlfrangn regierd – so wie sich des ghörd. Doch unser Endziel is des no net. Etz gehds erschd richdi los.

Johannisfeier

Frieher woar des eigentli immer die Nacht vom 23. auf den 24. Juni, wenn mer des Johannisfeier ozünd hat. Der 24. is der Geburtstooch vom Johannes dem Täufer. Da hat mer die Feste no gfeiert, wie sie gfalln sen.
Heitzutoch is des nemmer der Fall, weil heitzutoch aa kommerzielle Gründe a Rolln spieln. Da werd der Holzhaufn mal vorher, mal nachher ozünd. Also vor, odder nach dem 24. Juni. Hauptsach der Toch fällt aufs Wochnend. Am bestn is a Freitoch, odder a Samstoch. Da ham die Kinner am nächstn Toch ka Schull und die Erwachsenen müssn net ärwärn. Da kann jeder am näxtn Toch sein Rausch ausschlafn.
Bei uns is des immer der Heimatverein, der des Johannisfeier organisiert. Des is scho schee, wenn die altn Bräuch net vergessn wern hab ich mir dengt. Scho im 12. Jahrhunnert hats des Johannisfeier gebn. Die Verantwortlichn vom Heimatverein plana jeds Joahr scho wochnlang voraus. Des hat mer der Hubmanns Frieder derzählt. Der muss des wissen, weil der Frieder is der 1. Vorsitzende vom Heimatverein.
„Was manst, an was mer da alles dengn muss“, hat er mir gsacht, „da brauchst an Kupf wie a Gaul. Des geht scho bei die Sicherheitsauflagn los, die du beachtn musst. Dann brauchst du a sogenannts Zuchpferd, an Stargast sozusagn, dass a Leit kumma. A jeds Mitglied in unserm Verein hat da a andere Vorstellung. Was manst, wie lang des dauert, bis mer sich da geeinicht hat. Und wenns dann soweit is, dann kann der Stargast an dem Toch net, weil der scho anderswo an Auftritt hat. Und wenn er könnt, dann verlangt der a Honorar, dass der Hörn und Sehgn vergeht. Abber des is no alles nix, was des Wedder betrifft. Was manst, was wir wegn der bleedn Langzeitvorhersage rumtelefoniern.

Rufst drei verschiedene Wedderdienste o, grigst drei verschiedene Prognosn. Stell dir amol vor, du hast alles organisiert und es schifft den ganzn Abnd. Ja bei Regnwedder kummt doch ka alte Sau net. Da schlackern dir die Ohrn, kann ich dir sogn.
Abber seis drum. Wenn amol der Termin steht und der Stargast, des Zuchpferd also, zugsacht hat, geht die Ärwert erscht richtich los. Weil dann musst du a Festprogramm im Detail festlegn. Des geht scho damit los, wer die Begrüßungsredn hält. Der Burchermaster, der Pfarrer odder ich, als Vorsitzender des Heimatvereins? Ehrlich gsacht, lieber lass ich no den Pfarrer redn, als unsern Burchermaster, den Oberdeppn. Als Näxtes musst dem Feierwehrkommandantn Honich ums Maul schmiern. Weil die Rothelme brauchst auf jedn Fall. Die müssn ja aufpassn, dass nix passiert. Was machst du, wenn die grod an dem Toch ihrn Betriebsausfluch ins Allgäu plant ham? Lach net, alles scho vorkumma.
Also an unserer Freiwillichn Feierwehr geht nix vorbei. Zudem ham die den größtn Grill in unserer Gemeinde. Den brauch mer jeds Joahr für die Brotwerscht, die Schaschligg und die Schdäigs. Dann geht's mit unsere Weiber im Verein weiter. Wer macht den Bodaggnsalat, wer des Sauerkraut fier die Brotwerscht und wer kümmert si um die Pommes fier des Schaschligg? Vo dene Weiber is ja jede auf die andre neidisch. Was manst du, was du da fier a „Händchen" brauchst. Hast du die alle unter an Hut bracht, so dass jede zufriedn is, steht scho des näxte Problem vor der Tier: Welche vo unsre zwa Brauerein liefert heier des Bier? Net dass du manst, dass dees des Einfachste sei müsst, nach dem Motto „jeds Joahr abwechselnd". So einfach is des fei net, weil der Bruggn-Brauerei ihr Bier, die heier widder dro wär, schmeckt halt einfach nach Orsch und Friedrich und außerdem werds so schnell taab. Des mergst du gleich am Umsatz. A Bier alla kannst aa net anbietn, also musst du aa an Wein und a

poar verschiedene Koggdails fier die Frauen vorhaltn. Unter uns gsacht, die saufn fei net schlecht. Da kummt immer a ganz schee-ens Geld in die Kassa vom Heimatverein. Limo fier die Kinner brauchst sowieso.

Wenn du dees alles geklärt hast, bist fei no längst net fertich, weil, wie gsacht, du brauchst ja no a Programm, um den Star-gast rum. Heier ham mer übrigens den Roberto Blanco verpflichtet. Abber sags no net weiter. Des soll a Ieberraschung wern. Also zurück zum Programm: Im Moment diskutiern mer, ob wir heier vielleicht amol a Tombola ausrichtn. Die Leit losn doch so gern. Falls mer des machen, hast scho widder des Problem mit die Sponsorn zu lösn. Was haßn soll, wer liefert die Preise. Firmen ham wir zwar jede Menge bei uns im Ort, abber des waßt ja selber: Da is ja ane geizicher als die andre. Also des mit der Tombola is no net geklärt. Dass mer fier die Kinner a Torwandschießn machen, is dagegn kloar. Dazu kummt extra der Trainer vom Nembercher Glubb. Des werd a Gaudi gebn, nachdem der Glubb widder in die erschte Bundesliga aufsteicht. Da wern die Bubn a Freid ham. Hauptsächli fier die Madli mach mer a Kinnerschminkn und a Stelzngehn. Ob die Hupfburch vom Sportverein scho widder repariert is, des waß ich no net Des muss ich erscht klärn."

„Wo soll denn heier des Johannisfeier ieberhaupt stattfindn?", hab ich zwischendurch gfracht.

„In der Pampa", hat der Frieder gsacht, „draußn vorm Ort, in der Näh vom Badeteich. Und damit ham wir scho widder a weiteres Problem zu lösn. Wo kriegn wir die Toilettnanlagn her? Du kennst ja des Problem mit die Wildbingler. Fier des Männerklo is des einfacher zu organisiern als fier die Fraun. Weil wenn die zu lang ansteh müssn, dann kannst du dir vorstelln, was da widder Klagn kumma. Ich maan, wenn die a weng a Bier trunkn ham, müssn die halt öfters laafn, als die Männer, die mit ihrer

klan Blasn. Also, etz hab ich dir des Wesentliche gsacht, was bei und grad abgeht, im Verein“, hat der Hubmanns Frieder sei Rede beendet.
„Hoffentli regnts net. Des is mei größte Sorch. Sunst müsstn wir aa no schaua, wo wir auf die Schnelle no a groß Zelt herbringa.“
„Und wo in eierm Programm habt ihr des alte Brauchtum eibaut?“, wollt ich no vo ihm wissen.
„Vo was fier an Brauchtum redstn du? Was maanst ieberhaupt mit Brauchtum?“ Mit großn Augn hat mi der Frieder ogschaut.
„Na ja“, hab ich ihm drauf gsacht, „des Johannisfeier fällt ja net umsonst in die Zeit der Sommersonnenwende. Die Toch wern widder kürzer. Es is a müstischer Toch, und du waßt, dass die Sunna scho immer vo die meistn Religiona verehrt worn is. Daraus ham si ieberall, aa bei uns, verschiedene Bräuch entwigglt. Ich kann mich erinnern, als ich a Bu woar, da ham wir uns auf des Johannisfeier gfreit. Da sen wir scho Tache vorher mit Schubkarrn, Handwägn und andern Transportbehältern durch die Straßn zogn und ham unser Liedla gsunga: *Holz raus, Holz raus, Holz wolln mer ham / ihr Leit seid net so geizich, gebt uns a weng a Reisich / ihr Leit seid net so stolz, gebt uns a weng a Holz.* Die Leit ham scho auf uns gwart und ham scho ihre Bündeli aufm Gehwech abglecht ghabt. Alles was brennt hat. Paleddn, Balkn, Bredder, alte Holzmöbl und so weider. Wir ham bloß no aufladn müssn. Und ham alles zu dem Platz hiebracht, wo des Feier ozünd worn is. Da hats ka Brotwerscht und nix zum Trinkn gebn. Wir ham bloß gschaut, wie die Flamma hochgschossn und die Funkn gflogn sen. Des woar richti schee. Unser Eltern ham si unterhaltn. Als die Flamma zum größtn Teil niederbrennt woarn, ham sich manche Verliebte an die Händ gfasst und sen ieber des Feier drieber gsprunga. Des hat so viel bedeut, dass die bald heiratn wolltn. Außerdem hat des Johannisfeier vor Hexn, böse Geister und Unwetter schützn solln, Die Leit ham

si dann alle an die Händ gfasst und sen um des Feier rumtanzt. Und ganz obn auf dem riesichn Holzhaufn hat mer a Strohpuppn aufgstellt. Die is verbrennt worn und hat Hansl ghaßn. Des hat dazu ghört, dass mer si vor Krankheitn und furchterregende Dämona hat schützn könna.
Dees was ihr heitzutoch mit dem Johannisfeier veranstaltet hat mit die alt Bräuch net des Geringste zu tun. Dees is ja bloß a Halligalli. A Volksfest halt, wo gscheit gsuffn werd. Hauptsach der Rubl rollt. Gell, Frieder? Die anzichn Sorgn, die du dir bei dera Volgsbelustigung machst is doch bloß, dass genuch Geld in die Kassa kummt."
Als ich des gsacht ghabt hab, hat er mi mit großn Augn ogschaut, der Hubmanns Frieder. Er woar a weng perplex. Und schweigsam.

Mer red ja net, mer sacht ja bloß!

Weitere Bücher aus der Region

Susanne von Mach
Streifzug durch ein liebenswertes Land
Geschichten und Anekdoten aus Franken
80 S., Hardcover, zahlr. S/w-Bilder
ISBN 978-3-8313-2971-7

Susanne von Mach
Fränkische Weihnachtsgeschichten
80 S., Hardcover, zahlr. S/w-Bilder
ISBN 978-3-8313-2925-0

Susanne von Mach
Wahre Heldinnen!
Starke Frauen aus Franken
64 S., Hardcover, zahlr. Farbbilder
ISBN 978-3-8313-3213-7

Wartberg-Verlag GmbH
Im Wiesental 1 | 34281 Gudensberg
www.wartberg-verlag.de

Bücher für Deutschlands Städte und Regionen
Tel. 0 56 03 - 93 05 0
Fax. 0 56 03 - 93 05 28